U0112070

大展好書　好書大展
品嘗好書　冠群可期

大展好書　好書大展
品嘗好書　冠群可期

運動精進叢書 3

怎樣跳得遠

主　編：沈信生
副主編：章碧玉

大展出版社有限公司

目 ● 錄

如果你喜歡跳躍
——給 8～12 歲的小朋友

（初級階段）

目
錄

如果你想跳得遠

——給 13～14 歲的小朋友

（中級階段）

怎樣跳得遠

如果你想跳得更遠
——給 15～17 歲的青少年朋友

（高級階段）

目錄

怎樣跳得遠

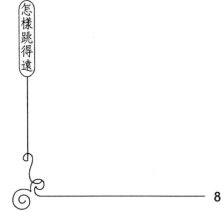

怎樣跳得遠

如果你喜歡跳躍

——給 8～12 歲的小朋友

（初級階段）

1.1 什麼是跳

　　小朋友一定都與小伙伴一起玩過「跳橡皮筋」或「跳房子」的遊戲，那麼，你知道什麼是「跳」嗎？

　　「跳」就是你用腳用力地蹬地，使你的身體離開地面，騰在空中。跳可以用雙腳跳，也可以用單腳跳；可以向前跳，也可以向上跳。如果在跳之前先跑幾步再跳，就會跳得更高或更遠。大家在電視上的體育節目中可以看到，在體育活動中有各種不同的跳的比賽，如：跳高、跳遠、跳馬、跳水等。其中跳遠項目還是中小學體育課和田徑比賽中的主要項目。許多同學都喜歡「跳」，其中也一定有你。

　　每個人天生都會跳，跳使我們體會離開地面、騰在

空中的樂趣。在你的生活中，有時也會有跳的經歷：走路時遇到地面上有一灘水或一條小溝時，你會毫不猶豫地跳過去。跳躍不光是日常生活中常見的活動，也是體育活動中的重要部分，是遊戲、鍛鍊身體的好方法。參加跳躍練習，可以促進你快快地成長，增強你的體質，給你一顆勇敢的心和健美的體魄。

來吧！快來參加跳躍練習吧！它將帶給你新的信心和自豪！

1.1.1　跳與跑的區別

跑是人為了儘快地向某一個方向移動的運動。在跑的過程中，人也會雙腳離開地面，但時間很短；跳是人為了跨越一個物體或者越過一段距離的運動。跳的時候人在空中停留的時間比跑要長的多，能越過一定的高度或遠度。

人在空中停留的時間越長，跳得就越高或越遠。如果在跑的過程中人體在空中停留的時間過長，就會變成「跳著跑」，跑的速度就會變慢。

1.1.2　你能否跳得更遠

每個人都會跳，但並不是都能跳得遠。要想跳得遠，就要會跑、會跳。

我們可以看到有的人一跳如飛，有的人卻怎麼也跳

不遠呢？其實，這就如同飛機起飛的情況一樣，飛機在起飛之前，總要經過一定距離的加速滑行，以獲得必要的速度準備起飛。飛機滑行的速度越快，飛機就會飛得越快、越高。

跳遠時，人體也必須經過一定距離的跑動，以獲得一定的速度，然後透過有力的踏跳，才能儘可能遠地跳出去。

此外，要想跳得遠，除了跑得快、跳得有力以外，還得有合理的跑、跳技術。有的人和你的身體素質差不多，可是比你跳得更遠，原因就是他或她的技術比你好。沒關係，只要你學習和掌握了合理的跳遠技術，就能比現在跳得更遠，說不定還能超過他或她呢。

隨著你一天天地長大，你的身體素質能力必定有提高，只要你掌握了合理的跑跳技術，加上刻苦訓練，你會成為運動場上的小飛人。

1.1.3 什麼是立定跳遠和跳遠

有時候，小朋友之間玩遊戲——「比比誰跳得遠」，其實就是立定跳遠比賽。

立定跳遠，就是將雙腳分開與肩同寬或併攏站立，兩臂上舉，提起腳跟，然後快速地屈腿下蹲，兩臂向下向身體後面擺，當蹲到一半時，立即兩腿快速用力蹬地，同時兩臂向身體的前上方擺動，使雙腳蹬離地面，

圖 1-1　立定跳遠技術

人向前上方騰起，當身體在空中越過一段距離後，開始
下降時，兩腿屈腿向前上方抬舉大腿，並向前伸出雙腳
準備落地。當雙腳落地後，快速彎曲雙膝、前移身體做
好緩衝。跳的時候，兩腿的蹬伸與兩臂的前擺一定要配
合、協調一致。見圖 1-1。

　　跳遠，就是你在向前跑動中，在起跳板上用一條腿
（叫做起跳腿）用力蹬地，儘可能蹬直這一條腿，同時
另一條腿（叫做擺動腿）盡量向身體的前上方抬起，兩
臂也配合著用力向身體的前上方擺出去，使你的腳和整
個身體離開地面，在空中儘可能保持身體的平衡，在空
中向前飛行盡量遠的距離，快落地時，向身體前方屈腿
收舉雙腿，向前伸出雙腳落地，當雙腳落地後，快速彎
曲雙膝、前移身體做好緩衝。

　　你的跳遠成績，就是從你的起跳腿蹬地時的腳尖，
到你雙腳落在沙坑時最近一點的距離。記住：在跳遠
時，除了你的腿要用力蹬地外，另一條腿的向前擺動、

兩隻臂的向上擺動也是非常重要的。

最常見、最簡單的一種跳遠姿勢，是「蹲踞式跳遠」。此外，還有「挺身式跳遠」和「走步式跳遠」。我們將在後面給你介紹這三種跳遠技術。

現在，你已經知道立定跳遠和跳遠兩種跳躍項目了，那麼，你能不能說出它們之間的不同呢？對了，立定跳遠是人從原地站立開始的、用雙腳跳的；跳遠是在跑動中進行的、用一條腿跳的。當然，跳遠所跳過的遠度也要比立定跳遠遠得多了。

好了，你現在對跳遠已經有了一定的了解了，讓我們開始練習吧！

1.2 熱身活動

1.2.1 為什麼要做熱身活動

有時，當你剛剛睡醒的時候、冷的時候，要寫字，總感到手不聽使喚，這時活動活動手，使手感到發熱後再寫，就會寫得又快又好了。

我們身體涼的時候，動作會做得又慢又差；

我們身體熱的時候，動作會做得又快又好。

所以，我們在進行跑、跳或做任何體育活動前，一定要先做一些熱身活動。

熱身活動，也叫準備活動。它可以使你的身體逐漸變熱，在練習和比賽中，能夠把你所有的力量都發揮出來，取得更好的成績。

千萬不要小看了準備活動，它不僅能使你更好地表現出你的體育能力，還能防止在練習中出現肌肉拉傷等傷病。

1.2.2 練習跳遠時做哪些熱身活動比較好

熱身活動的方法有很多種。我們常用的熱身活動方法應包括基本的走、跑、身體各關節的活動操、肌肉韌帶的伸展練習以及一些遊戲性活動。熱身活動一般用時為 15～20 分鐘。跳遠項目的一般性準備活動練習方式有以下幾種：

（1）大步走或提踵走

透過大幅度擺臂的大步走，可以使肩、髖關節得到較好的活動；提踵走則可以使足弓肌群和小腿後群肌得到活動，長期的練習還可以發展這兩部分的肌肉力量。一般走 200 公尺左右。

（2）慢跑

一般跑 800～2000 公尺。在跑時應注意保持高重心、有彈性、以腳前掌著地、上下肢協調配合、輕鬆自

然。

慢跑可以加快身體血液流動的速度，迅速提高體溫，提高全身各部位、各關節的活動能力。

（3）做原地體操和伸展練習

應包括上肢、下肢和全身的體操，以及壓腿、牽拉韌帶等練習。也可以做廣播操。

進行肌肉關節的牽拉伸展練習，可以提高肌肉的彈性，使各關節轉動靈活。就好比給機器上油。

做伸展練習時，特別要注意活動腰、臀部和下肢。因為腰對於人就如同樹幹對於樹一樣重要；在臀部關節和下肢部位有許多大小肌肉群，是進行跑跳練習時的主要用力的肌肉。可以採用原地或墊子上的靜力性、動力性韌帶牽拉練習和各種踢擺腿練習等。

（4）做一些跑的專門練習

如：小步跑、高抬腿跑、後蹬跑和加速跑等。

（5）做一些跳躍練習

如：原地向上跳、原地轉體跳、原地團身跳等。

在參加跳遠的練習時，除了跑之外，還有許多跳的練習。所以，在做跑的專門練習的基礎上，應多做一些快速跑中接一些跳的專門準備活動，使你的身體儘快適

應跑跳練習的要求。

　　現在，讓我們來看一下，跳遠的熱身準備活動應該怎麼做？

（1）慢跑 400～600 公尺

開始速度可以慢一些，然後稍稍加快一點。注意，開始時千萬不要太快了，以保存體力做後面的練習。

慢跑只要讓身體發熱就行了。

（2）做一些體操練習

可以做一些學校老師在體育課上教你的體操，也可以做一套廣播體操。一定要使自己的全身各個部位都活動開。

（3）做伸展練習

伸展練習主要做肩、腰、臀、膝、腳踝的牽拉伸展練習。每一個練習應連續做 10～15 次。牽拉伸展練習見圖 1-2。

剛開始做牽拉伸展練習時，可能會感到一些肌肉疼痛，堅持一下，時間一長疼痛就會減輕的。應該注意的是，做伸展練習時不要過分用力，以免出現肌肉拉傷。要循序漸進，逐漸加大用力程度。

①弓步正壓腿　　　　　　　　②弓步側壓腿

③跪坐後倒體　　　　　　　　④分腿坐前壓腿

⑤分腿坐轉體　　　　⑥體前屈抱腿，雙手扶腳踝

圖1-2　伸展練習例圖

①小步跑

②高抬腿跑

③後踢腿跑

（4）做跑的專門練習

　　跑的專門練習有：小步跑、高抬腿跑、後踢腿跑、前踢腿跑、後蹬跑、跨步跳、車輪跑、交叉步跑等。見

④前踢腿跑

⑤後蹬跑

⑥車輪跑

圖 1-3　跑的專門練習

圖 1-3。

每個練習做 2～3 次，每次做 20～30 公尺。跑的專門練習可以改進和提升你跑的技術和動作的快速性，所以，在做跑的專門練習時，應注意動作的正確性，並且盡量加快動作速度。

（5）加速跑練習

加速跑就是由原地開始慢跑，逐漸加速至最快速度跑。

如果你有跑步專用的釘鞋，可以把它穿上。

加速跑的距離可以是 30～100 公尺都可以。一般用 40～60 公尺的加速跑。也可以把不同距離的加速跑組合起來練習。

如：第一種：60 公尺 4～6 次

第二種：40 公尺 3 次＋60 公尺 3 次

第三種：40 公尺 2 次＋60 公尺 2 次＋80 公尺

2 次

注意：不管你用哪種距離做加速跑，一定要越跑越快，最後達到最快的速度。同時，要盡量用正確的動作來跑。

（6）做專門的跳躍練習

可以用一些原地的或跑動中的跳躍練習。如：原地分腿跳、原地團身跳、5 步助跑摸高和 3 步助跑起跳練

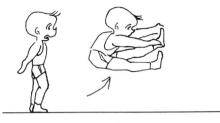

① 原地分腿跳

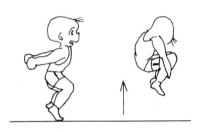

② 原地團身跳

③ 5 步助跑摸高

圖 1-4　專門的跳躍練習

習。見圖 1-4。

④3 步助跑起跳

做這些專門的跳躍練習主要是，使跳遠時所需要的身體各部位肌肉和關節能充分活動開，以適應後面大強度練習的要求。

以上這些準備活動大約需要 15～20 分鐘。一定要注意逐漸加大準備活動的強度和數量，使你的身體較好地適應跳遠訓練的要求。

如果你要參加跳遠比賽，在比賽之前應抓緊時間在比賽場地上跑幾次你的助跑和完整地跳一次，保證你能準確地踏上起跳板和發揮你的正常水準。

1.2.3　熱身活動時要注意哪幾點

（1）熱身活動的運動量要適合

運動量太小，身體不夠熱，不能很好地活動開；運動量太大，身體體力消耗過大，後面的練習和比賽就沒

有勁了。你可以有意識地在訓練中多採用幾種熱身活動方式，從中選擇一種最適合你自己的準備活動方式。

（2）熱身活動應由慢到快、由小幅度到大幅度

熱身活動太劇烈，在開始練習或比賽前，就會氣喘吁吁了，怎麼可能在訓練和比賽中發揮出高水準呢？因此，熱身活動開始時強度不要太大，隨著活動的進行，逐漸加大動作的幅度和速度。

（3）注意天氣變化，做好防護措施

在寒冷的季節，應適當加長熱身活動的時間，並注意不要太早地把厚衣服脫掉，防止受涼感冒。

在炎熱的夏季，可以適當縮短熱身活動的時間，注意儘可能在樹陰等涼快地方活動，多喝水，以防止中暑。

1.3 怎樣才能跳得遠

跳遠技術可以分為助跑、起跳、騰空和落地四個部分。四個技術部分相互連接著，前一個技術部分完成的好壞直接影響著後一個技術的好壞。其中起跳技術作為跳遠技術的關鍵環節特別重要。

要想在跳遠比賽中取得好成績，不僅要求運動員具

有快速的助跑速度、強有力的起跳力量和合理的空中技術動作，還要求運動員必須準確地踏上起跳板起跳。

現在，就來學習一下跳遠的基本技術吧！

1.3.1　助跑技術

跳遠技術從助跑開始。它可以使你在上板起跳前獲得儘可能快的速度，使你的起跳腳準確地踏在起跳板上，並使你的心理和身體為起跳做好準備，保證你能順利地完成起跳動作。

那麼，你的助跑距離要跑多長最合適呢？是不是你跑得越快就越好呢？

（1）助跑距離

如果助跑距離太短，不能把你最快的速度發揮出來；如果助跑距離太長，會造成體力消耗過大，等你跑到起跳板準備起跳時，就已經沒勁兒做起跳了。因此，一定要選擇一個合適的助跑距離。

在確定助跑距離之前，你要先選擇一條腿作為起跳腿。一般把你的最有勁兒的腿作為起跳腿。

現在有一個簡單的辦法可以幫助你選擇助跑距離。請看表 1-1，你可以根據表中的提示來選擇助跑距離。就是說，你可以根據你的 30 公尺跑或 100 公尺跑的成績來選擇你的助跑步數。

表 1-1　速度與助跑步數的關係

30 公尺站立式起跑成績（秒）	100 公尺蹲踞式起跑成績（秒）	助跑步數
3.7	10.2	24
3.8	10.5	22
3.9	10.8	20
4.0	11.1	18
4.1	11.5	17
4.2	11.8	16
4.3	12.1	15
4.4	12.5	15
4.5	12.9	14
4.6	13.2	14
4.7	13.8	13
4.8	14.0	13
4.9	14.3	12
5.0	14.7	12

比如：你的 30 公尺成績是 4.8 秒，那麼，你的助跑距離就是你跑 13 步所需要的距離。

確定你的助跑要跑 13 步後，你可以兩腿前後分開站立（起跳腿放在後面）在跳遠的起跳板後，用起跳腿向助跑方向跑出第一步，一邊跑一邊心裡數著，當跑到

第 13 步時做一個起跳動作，你完成起跳時的腳尖位置就是你助跑的開始點。

在找助跑距離時，可以找老師或小伙伴幫助看著你的起跳位置。

可能你會說，我沒有 30 公尺跑或 100 公尺跑的成績，那怎麼辦？如果是這樣，你可以跑 12 步（起跳腿放在前面）或者跑 13 步（起跳腿放在後面），用上面的方法跑上幾次。

初步確定你的助跑距離後，再多練習幾次。可能開始步點不太準，可以前後調整一下距離，最後確定一個基本的助跑距離。

每個人在不同的日子中，體力是不完全一樣的。不同的場地，比如土跑道、煤渣跑道、塑膠跑道，還有風向、風力大小等，都會對助跑距離的長短造成一定的影響，在跳遠的訓練和比賽中要隨時調整距離。因此，在平時訓練時應該在不同條件下多練習助跑，使你能適應各種不同的體力和比賽環境，才能保證你在每次比賽中都能正常發揮水準。

經過一段時間的訓練，你的運動水準就會得到提升。為了提高助跑和起跳的準確性，發揮更高的助跑速度，可在助跑道旁放置 1～2 個標誌物，一般第一標誌物設在開始助跑處，第二標誌物設在離起跳板 6 步處，見圖 1–5。

怎樣跳得遠

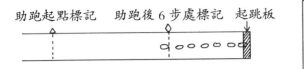

圖1-5 跳遠助跑標記擺放示意圖

不過要注意：第二標誌物只是作為一種檢查步點準確性的標誌，在跑過第二標誌物時，不要有意去看它，那樣會降低助跑速度。

（2）助跑速度

從理論上說，助跑速度越快，就有可能取得越好的跳遠成績。但助跑速度快了，起跳的難度也會增大。剛開始學習跳遠時，由於跳躍能力有限，技術動作還不夠熟練，助跑速度太快，容易造成起跳不充分，反而會影響成績。因此，助跑的速度應該以既能夠跑得快，又能跳得起來為準。

你可以採用一種簡單的辦法來確定你的助跑速度：就是你可以用你的 100 公尺跑的速度×95％，所得出的值就是你跳遠時較適宜的助跑速度。

如：100 公尺跑成績為 12 秒，100 公尺跑速度是

100 公尺／12 秒＝8.33 公尺／秒

8.33 公尺／秒×95％＝7.91（公尺／秒）

那麼，你的助跑速度大約應為 7.91 公尺／秒。

（3）助跑技術

為了使你能準確地踏上起跳板起跳，你可以採用原地前後腿分開站立的姿勢開始加速跑。初學者採用這種方法可以幫助你穩定助跑加速節奏、提高助跑準確性。

跑出去後，隨著步數的增加，逐漸加大、加快步伐，速度也逐漸加快。一定要按照自己的習慣來逐漸加快速度，千萬不要感覺有力的時候就快跑，累的時候就慢跑，這樣會使你總是踏不準板，影響成績的發揮。

記住，在練習中一定要用同樣的節奏來完成助跑。特別是開始助跑的前幾步要穩定。

剛開始跑的時候，身體可以稍向前壓，兩臂用力前後擺動，兩腳用力蹬地，逐漸加快速度；同時，上體也逐漸地抬起，轉成正直的狀態。這時，跑的動作和你跑 100 公尺差不多。快要接近起跳板時，不要減速，要繼續加速，直到踏上起跳板起跳。為了起跳而減慢速度，或拉大步，或倒小步，都是不對的，是不可能跳得遠的。如果臨起跳時你覺得跳不起來，那很可能是你最後跑得過於快了。

建議你暫時把你的助跑速度放慢一些。隨著不斷練習，技術提高了，跳的能力增加了，再逐漸提高助跑的速度，就可以既跑得快，又能跳得起來。

怎樣跳得遠

在整個助跑過程中，動作要輕鬆自然、連貫，身體平穩，節奏穩定。做到「快、直、穩、準」。

快：助跑速度儘可能地快；

直：直線助跑；

穩：助跑節奏穩、身體重心平穩；

準：準確地踏上起跳板。

1.3.2 起跳技術

在你的起跳腳踏上起跳板後，直到你的起跳腳蹬離地面時的這一過程，就是跳遠的起跳階段。起跳是跳遠技術中難度最大、也是決定你能否跳得遠的最重要的動作。

好的起跳技術，可以讓你更好地向前、向上跳出去。要想跳得遠，要做到以下幾點：

（1）助跑最後一步腳踏上起跳板時，要隨著跑的動作跑上板，起跳腳儘快地下壓落地，然後儘可能快地向前上方跳起。不能像汽車剎車似的「頂著跳」。

（2）另一條擺動腿在起跳腳放腳的同時，用大腿帶小腿，彎曲膝蓋向身體前方擺出去，擺到大腿與地面平行。

（3）起跳過程中，兩臂要在身體的兩側用力地、快速地前後擺動，可以使你跳得更遠，並保持好身體在空中的平衡。

（4）起跳時，要注意你的身體要保持正直，千萬不能前壓，否則會使你起跳後很快地落地。

（5）初學者一定要注意向上跳，不要在起跳時過分地往前跳。合理的起跳腿蹬地角度在 70°左右。這樣的角度，可以使你既能有一定的空中飛行的時間，又能保持較大的向前飛行的速度。

由於跳遠起跳時間很短，一般為 0.10～0.13 秒，所以，要求整個起跳動作連貫、快速、有力、上下肢配合協調。

1.3.3 騰空技術

起跳腳離開起跳板後，即進入騰空飛行階段。空中技術動作要注意保持身體的平衡，並為落地動作做好準備。

起跳腳蹬離地面後，身體保持向前跨步姿勢，即騰空步動作。然後採用某種空中姿勢完成騰空與落地技術，跳遠空中的姿勢分為：蹲踞式、挺身式和走步式（跳遠技術的名稱也是由此而來）。

（1）蹲踞式

起跳腳蹬離地面後，身體保持騰空步動作向前飛，然後在身體後面的起跳腿屈膝向前擺，與另一條腿併攏，兩臂上擺，在空中完成團身蹲踞的動作。在落地

圖1-6 蹲踞式跳遠技術

圖1-7 挺身式跳遠技術

前，兩臂向後擺動，兩小腿向前伸出，用兩腳跟落入沙坑。見圖1-6。

（2）挺身式

起跳腳蹬離地面後，在身體前面的擺動腿向下向後放，與另一條腿靠攏，同時雙臂繞至上舉或直接上舉，抬頭挺胸，充分伸展身體，在空中形成挺身姿勢。然後收腹舉腿，形成空中團身，兩臂向前再向後擺動，兩小腿前伸，用腳後跟落入沙坑。見圖1-7。

圖1-8　「兩步半」走步式跳遠技術

（3）走步式

起跳腳蹬離地面後，兩腿在空中繼續做跑步動作。身體前面的腿積極下壓向後擺動，身體後面的腿屈膝向前擺動，兩腿在空中完成交叉動作，兩臂在體側做前後交叉的大繞環動作，然後擺至身體後面的腿接著屈膝向前擺，與另一條腿併攏，收腹上舉雙腿，前伸小腿，兩臂上舉，以腳跟落在沙坑裡。這是「兩步半」走步式技術。見圖1-8。

「三步半」走步式技術是在第一次兩腿交換腿後，再進行一次兩腿的交換，而後擺至身體後方的起跳腿向前上舉與擺動腿併攏，用雙腳落地。見圖1-9。

1.3.4　落地技術

在比賽中時常會看到，有的人本來跳得挺遠，可惜的是落地後，人向後坐在了沙坑裡，使來之不易的成績大大下降。那麼，什麼樣的落地技術可以防止出現此類

怎樣跳得遠

圖1-9 「三步半」走步式跳遠技術

情況呢？

首先，在空中維持好身體的平衡，可以防止雙腳過早落地而影響成績。

其次，落地前應儘可能地使雙腳向前伸出，然後在腳跟著地後，兩腿及時地屈膝，臀部前移，兩臂屈肘積極前擺，使身體移過落地點。

1.3.5 練習立定跳遠時怎樣才能跳得遠

練習立定跳遠時，要想跳得遠，應注意以下幾點：

（1）首先在完成準備姿勢的提踵後，下蹲和兩腿的蹬伸動作應該一氣呵成，中間不要停頓，這樣有利於肌肉充分發揮力量。

（2）要求全身上下協調用力，特別是兩臂擺動與兩腿蹬伸的協調用力。

（3）要向前上方跳起。如果只向前跳，由於沒有一定的騰空時間，不會取得好成績。

（4）雙腳蹬離地面進入騰空後，應注意及時向前收舉雙腿，並向前伸出雙腳落地。腳觸地後，注意及時地屈膝前移身體重心，使身體儘快移過落地點。

（5）要想獲得好的立定跳遠成績，平時應加強跳躍練習和力量練習。

注意：低年齡段的學生，應以跳躍練習和小力量練習為主，不要太多地練習大力量。

1.4 跳遠比賽的一些基本規則和場地知識

1.4.1 比賽規則

（1）運動員的跳遠順序由抽簽決定。運動員的人數超過8人時，每人可跳3次，成績最好的前八名運動員，每人可再跳3次。如第八名出現兩名運動員成績相等，則成績相等的運動員都可以再跳3次。運動員只有8名或不到8名時，每名運動員均可跳6次。

（2）比賽開始前，裁判員應向運動員宣佈跳遠的順序。

（3）運動員必須用單腳起跳。

（4）比賽開始後，運動員不得在比賽用的助跑道進行練習。

（5）出現了下面的情況，則判為犯規：

①不論助跑中或在跳躍動作中，運動員的身體任何部位觸及起跳線以外地面者；

②從起跳板兩端以外，不論是起跳線延伸線的前面或後面起跳者；

③在落地過程中觸及落地區外地面，而區外觸地點較區內最近觸地點離起跳線近者；

④完成跳躍後，向後走出落地區者；

⑤採用任何空翻姿勢者。

除上述第④、⑤條外，只要是在起跳板後面起跳的，成績有效。

（6）跳遠成績應從運動員身體任何部分著地的最近點至起跳線或起跳線的延長線成直角丈量。

（7）運動員可在任一次跳遠時請求免跳。運動員請求免跳後，則不准在這輪跳遠中再次要求跳躍。

（8）每名運動員以他最好的一次跳躍成績，作為最後的決定成績。

（9）比賽名次應根據運動員的最好成績排定；當成績相等時，應以運動員的第二個好成績判定名次；

第二個好成績仍然相同，以運動員的第三個好成績

如果你喜歡跳躍——給8～12歲的小朋友（初級階段）

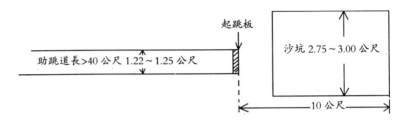

圖 1-10　跳遠比賽場地示意圖

判定名次；依此類推。

1.4.2 跳遠比賽的場地（見圖 1-10）

（1）助跑道

正式比賽場地的跳遠助跑道長度不應短於 40 公尺，寬度最小為 1.22 公尺，最大為 1.25 公尺。在中小學比賽中，可以根據場地條件選擇，助跑道一般不短於 20～30 公尺即可。

（2）起跳板

起跳板是長方形的厚木板，長 1.21～1.22 公尺，寬 198～202 毫米，厚 10 公分，埋入地面，它的表面和助跑道一樣平。起跳板靠近沙坑方向的邊緣為起跳線。起跳板離開沙坑 1～3 公尺。

怎樣跳得遠

（3）沙臺

在起跳線前放置沙臺，以便裁判員判斷試跳成功與否。

沙臺應寬 10 公分，與水平面成 30°角。

（4）沙坑

沙坑寬最少為 2.75 公尺，最多為 3 公尺。沙坑內的沙子最好有一定濕度。沙面和起跳板齊平。

如果沒有正規的場地，可以因地制宜，在空地平整出一條長 15～20 公尺、寬 1.5 公尺左右的助跑道，挖一個寬 2.50 公尺、長 4～6 公尺的沙坑，鋪進沙子，就可以進行跳遠練習和比賽了。

1.5 評一評自己跳得好不好

經過一段時間的練習，你一定已經取得了不小的進步。那麼，怎樣才能知道自己的進步有多大呢？

下面將為你介紹幾個自我評定的內容和標準。你可以對照這些標準，判斷自己哪些方面已經達到較高水準，哪些方面還有差距。

在今後的練習中，繼續保持你的優勢，彌補有差距的地方。要知道，要想跑得快、跳得遠，你的身體素質

各個方面都要達到很高的水準才行。

1.5.1 自評項目

自評項目共有 6 項，包括 30 公尺跑、60 公尺跑、立定跳遠、15 公尺單足跳、跳遠和投擲小壘球。具體的評分標準見表 1-2。

你可以根據自評表的標準來查出自己的跳遠水準和身體素質屬於哪個等級。如果你所測試項目的結果已達到了「優秀」，就說明你在這個項目上已經達到了比較高的水準；如果達到了「良好」等級，說明你還需要繼續努力；如果只達到了「及格」，那麼，你想要繼續提高跳遠成績的話，就必須在今後的練習中重點加強這些方面的訓練。

如果你的成績正好是在兩個等級之間，那麼，應該按照低一級的標準計算。

例如：你是一個男孩，今年 9 歲，你的跳遠成績是 2.90 公尺，透過查表，可以看到正處於「優秀」與「良好」之間，那麼，你的跳遠的等級應該評為良好。

（1）測試項目說明

① 30 公尺、60 公尺主要反映你的速度能力。
② 立定跳遠主要反映你的爆發力。
③ 15 公尺單足跳主要反映你的跳躍能力。

④ 跳遠全面反映你的技術水準和跑跳能力。

⑤ 投擲小壘球主要反映你全身協調用力的能力和力量發展水準。

（2）自評項目的測試方法

① 30公尺跑、60公尺跑

採用站立式起跑。可以找一個人（你的老師、同學或父母）幫助發令，再找一個人在30公尺或60公尺的地方幫你計時。

計時從發令者向下揮動旗或手臂開表，到你的軀幹到達30公尺或60公尺的終點線瞬間停表。所計取的時間即為你的30公尺、60公尺跑的成績。

② 立定跳遠

在沙坑前的地面上畫一條線或拉一根細線，作為起跳線。立定跳遠測試時，雙腳站立在線後，全身協調用力，雙腳同時離地，跳向沙坑，以雙腳落地。

你的立定跳遠成績是從起跳線量到你落在沙坑時所留下的、離起跳線最近的點。每次可以跳三次，取三次中最好的一次成績。丈量時，注意保持皮尺與起跳線保持垂直。測試方法見圖1-11。

③ 15公尺單足跳

在跑道上畫出一段15公尺長的距離。在起點處雙腳站立，從原地開始任選一條腿連續向前跳，一直跳到

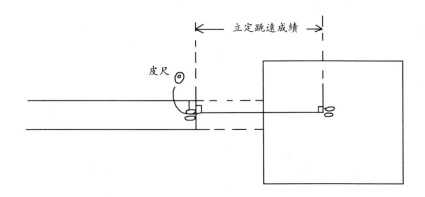

立定跳遠成績

皮尺

圖 1-11　立定跳遠成績丈量示意圖

15 公尺的終點線。然後，換一條腿，再跳一次。

在跳 15 公尺單足跳的時候，再找一人幫助計取 15 公尺單足跳所用的時間。計時從起跳時腳蹬地開始的瞬間開表，到測試者的軀幹到達 15 公尺的終點線。將兩條腿的兩次跳所用時間相加後除以 2，得出的數就是 15 公尺單足跳的成績。

④ 投擲小壘球

選擇一個開闊的地方，在平地的一頭上畫一條線作為投擲線。將小壘球握在手中用力地從肩上方，像投小石子一樣向前投出。再找一人幫助你記下小壘球落地的確切位置。

你投擲小壘球的成績應從投擲線垂直量到小壘球落地的最近點。成績丈量方法見圖 1-12。每次可以投三

投擲小壘球的成績

圖 1-12　投擲小壘球成績丈量示意圖

次，選取其中最好一次的成績作為最後成績。

小壘球重 125 克。

⑤ **跳遠**

跳遠成績的測量方法和跳遠比賽一樣。為了能反映你跳遠水準的真正實力，測量跳遠成績時，可以採用從哪兒起跳就從哪兒丈量的辦法。

即：你的跳遠成績從你起跳腳離地時的腳尖開始丈量，量到你落在沙坑裡的最近點（基本和立定跳遠成績丈量方法相同）。

1.5.2 自我評定對照表

表 1-2 跳遠初級階段自我評定表

性　別		男　　子					女　　子				
年齡		8歲	9歲	10歲	11歲	12歲	8歲	9歲	10歲	11歲	12歲
30公尺（秒）	優秀	5.8	5.6	5.0	4.8	4.6	6.0	5.7	5.1	4.9	4.7
	良好	6.0	5.7	5.2	5.0	4.8	6.2	5.9	5.3	5.1	4.9
	及格	6.2	6.0	5.4	5.2	5.0	6.4	6.1	5.5	5.3	5.1
60公尺（秒）	優秀	10.8	10.4	9.7	9.4	9.0	11.1	10.6	9.9	9.5	9.2
	良好	11.1	10.7	10.0	9.7	9.3	11.3	10.9	10.2	9.9	9.6
	及格	11.4	11.0	10.4	10.0	9.7	11.7	11.1	10.4	10.2	10.0
立定跳遠（公尺）	優秀	1.60	1.70	1.80	1.90	2.00	1.50	1.60	1.70	1.85	2.00
	良好	1.45	1.55	1.65	1.75	1.85	1.35	1.45	1.55	1.70	1.90
	及格	1.30	1.40	1.50	1.60	1.70	1.20	1.30	1.40	1.55	1.70
跳遠（公尺）	優秀	2.60	3.10	3.50	3.80	4.10	2.55	2.90	3.25	3.60	3.80
	良好	2.45	2.80	3.20	3.60	3.85	2.35	2.65	3.05	3.30	3.50
	及格	2.20	2.55	2.90	3.30	3.50	2.15	2.45	2.80	2.90	3.10
15公尺單足跳（秒）	優秀	5.60	5.20	4.80	4.20	3.80	5.70	5.30	4.90	4.20	3.80
	良好	5.80	5.40	5.00	4.40	4.00	5.90	5.50	5.10	4.40	4.00
	及格	6.00	5.60	5.20	4.60	4.20	6.10	5.70	5.30	4.60	4.20
投擲小壘球	優秀	24.0	28.0	34.0	38.0	43.0	22.0	27.0	32.0	37.0	41.0
	良好	20.0	25.0	30.0	35.0	39.0	19.0	24.0	28.0	34.0	37.0
	及格	16.	21.0	25.0	29.0	33.0	15.0	20.0	24.0	28.0	31.0

如果你想跳得遠

——給 13～14 歲的小朋友

（中級階段）

經過了跳的初級階段訓練，想必你已經初步掌握了怎樣跳得遠的基本知識和練習方法，並且也提高了你的跳遠成績。

現在，你的跳遠成績排在班級第幾名，在你的年級裡排在第幾名，在你的學校排在第幾名呢？

我想，你一定想繼續提高成績，獲得班裡、年級裡、學校裡、市裡的第一名，為你的小組、班級、年級、學校和城市爭光。

在我們的中級階段課程裡，將告訴你一些常用的訓練方法和一些基本的運動訓練知識，對你的運動成績的提高將有很大好處。

大家知道，我們不是每天到田徑場上跑跑跳跳就可以提高成績的。雖然眼前你的跳遠成績提高了，也許成績提高得還很快，但並不能說明將來就會跳得更遠。就

好比建高樓大廈，如果地基不堅實牢固，建起的大廈就會倒塌。

　　例如，有些小朋友，剛開始訓練，他們跳得差不多一樣遠,但隨著年齡的增長，有些小朋友成績飛快提高，而有些則提高得相對慢一些，甚至不提高了，這都與運動基礎沒打好有關。

2.1 跳遠練習的基本訓練知識

　　中級訓練階段通常指年齡在 13～14 歲、已經有初級訓練水準的少年兒童的訓練。

　　這一階段的少年在生理、心理上都有了很大的變化，訓練的可塑性強。這個時候的訓練很重要，它是通往更高運動水準的橋梁。

2.1.1 什麼是運動基礎

　　運動基礎就是，運動員所具備的各種基本素質和基本技術。例如，你的大腿很有力量，但因為柔韌性差，就不一定能跳得遠。助跑時，節奏掌握不好，影響了你的速度；你的各種素質較好，但沒有掌握合理的技術，同樣跳不遠。所以，基本素質發展不全面，將來肯定會影響成績的提升。

2.1.2 什麼是基本素質

基本素質包括：力量、速度、耐力、柔韌、協調和靈敏等。

基本素質訓練是指發展力量、速度、耐力、柔韌、協調和靈敏等素質的訓練。

在訓練中應使各項身體素質得到均衡發展。雖然練習跳的運動員主要是發展速度和力量素質，但是，如果其他素質的發展不協調，例如，柔韌不足或靈敏性及協調性差，也會影響速度和力量的發展。

就像我們日常要求膳食平衡一樣，不是光吃肉身體就能長得壯。人的身體需要許多營養成分，除了肉之外，還要有蔬菜、水果等等。

除了具備這些基本素質，中級階段還應初步掌握跳的合理技術和跳的簡單戰術，了解一些簡單的心理素質和訓練方法。

2.2 怎樣進行一般素質訓練

一般素質訓練的內容和方法很多，包括田徑、球類、體操、游泳、遊戲、跳繩等等。大家可根據現有的條件，選擇一些效果較好的、輕鬆的、容易掌握的、遊戲性較強的內容練習。

2.2.1 速度訓練

速度是指用最短的時間完成各種動作的能力。速度的基本表現形式有位移速度、動作速度和反應速度。

（1）發展位移速度的方法

位移速度，是指跑過一段距離所需要的時間。它是跳遠項目所必需的重要素質能力。

跑速由步長和步頻決定（**計算公式：速度＝步長×步頻**）。發展跑速主要是提高步長和步頻。

①影響步長的因素有：腿、腰部力量，腿、腰部的柔韌性，合理的正確技術，以及運動員的身體條件。

②影響步頻的因素有：神經系統的靈活性，動作的協調性，以及合理的技術。

因此，在發展步長和步頻時，必須考慮上述的各種因素，根據不同運動員的具體情況逐個解決，以達到提升跑速的目的。

兒童、少年應首先從發展步頻著手，隨著年齡的增長及力量素質的逐漸提升，再逐漸發展步長。要注意的是，步長和步頻是相互關聯的兩個部分，當步長一定時，步頻有一定的範圍；相反，當步頻一定時，步長也有一定的範圍。所以要跑得快，還要注意形成適合你個人的步長、步頻節奏。

③練習方法

各種距離的跑的練習是發展跑速的有效方式。如起跑、加速跑、行進間跑、衝刺跑、變速跑、間歇跑、反覆跑、放鬆大步跑、上坡跑、下坡跑……以及各種跑的專門性練習；各種跳躍練習也是發展跑速經常使用的方式。

所有速度練習都應注意跑動動作的自然放鬆，防止形成僵硬的錯誤動作定型。速度應配合柔韌性、靈敏性、協調性等練習進行。

（2）發展動作速度的方法

動作速度，是指完成某一動作時所需要的時間。對於跳遠項目來說，跑的動作速度、起跳的動作速度都非常重要。

動作速度的快慢主要取決於完成動作時，肌肉的收縮力量、收縮速度、身體各個部位的肌肉的協調配合，以及動作結構的合理性。

快速動作的能力受遺傳因素影響很大。12～13歲時，神經系統的靈活性與速度已達到成人的水準，受遺傳因素制約的動作速度要優先發展。因此，這時應儘快加強發展動作速度和頻率。

【練習方法】：

①反覆進行快速動作的練習。如快速高抬腿跑、快

速擺臂、快速揮臂等。這類練習能提高肌肉收縮的速率，改善神經系統對肌肉的支配能力。

②發展做動作所需部位的肌肉力量。透過提升這部分肌肉的能力，達到提高動作速度的目的。如：要提升擺腿速度，就要提升擺動腿大腿前部肌肉和腹肌的力量；要提升擺臂速度就要提升上肢，特別是肩部肌肉的力量。

③改變條件的各種專門練習。如採用牽引跑提升跑的速率；採用助跑起跳摸高、助跑起跳上高墊、連續三步起跳練習等提升起跳速度。

（3）發展反應速度的方法

反應速度，是指人體對特定刺激作出反應所需要的時間。對於跳遠項目來說，反應速度並不十分重要。

不過反應速度好的話，可以間接地提高動作速度。

【練習方法】：

在跳遠訓練中，一般用發令起跑練習來增強反應速度。

2.2.2 力量訓練

力量是肌肉工作時克服阻力的能力。肌肉的收縮力量是人體運動的基本動力。發展力量，特別是發展快速力量對少年運動員有重要的意義。

根據兒童、少年生長發育的規律，男少年 13～15 歲、女少年 11～13 歲是身高增長最快的階段。此時，應重視對肌肉柔韌性和彈性練習。在男少年 15 歲、女少年 13 歲後，隨身高增長緩慢下來後，逐漸地增加小力量練習，提升肌肉的快速力量能力。

　　【練習方法】：

　　（1）各種身體練習方法：採用技巧運動、器械體操、負輕重量的身體練習和技術練習，以及同伴之間的對抗性身體練習。

　　（2）負輕重量器械的快速練習：採用沙袋、沙衣、沙枕、實心球、壺鈴、啞鈴、輕槓鈴等進行各種身體練習和專門練習。練習時應注意以較快的速度來完成動作。

　　（3）各種跳躍練習：主要發展腿部各關節肌肉的力量，即彈跳力。跳躍練習可負重或不負重。跳躍練習如：垂直跳、跳欄架、兩腿交換跳、立定跳、多級跳、蛙跳、跳深，以及田徑運動項目的各種專門跳躍練習。進行跳躍練習時，必須注意動作的正確性。

　　（4）少年兒童發展力量應注意的幾個問題：

　　① 不宜進行大重量力量練習，應以克服本身體重或負輕重量器械的各種練習為主。

　　② 多做成組練習，注意協調發展身體各部位的肌肉力量。特別是發展薄弱環節的肌肉力量。

③重視發展小肌群的肌肉力量。如：屈足肌群、腹肌、背肌等部位的力量和伸展性訓練。

④宜採用動力性練習，不宜採用靜力性練習。

2.2.3 耐力訓練

耐力是指人體長時間進行活動的能力。發展耐力可以提升人體的內臟器官功能和身體健康水準。也提升人體對訓練負荷的承受能力，提升身體工作能力。

兒童、少年運動員的耐力練習，首先要注意提高身體的有氧能力。

發展有氧能力，通常採用變速、越野跑、球類運動、公路跑和長時間的山區旅行等方法。

2.2.4 柔韌性訓練

柔韌性是指跨過關節的肌肉、肌腱、韌帶等軟組織的活動能力。7～8歲的兒童各個關節具有較好的柔韌性和靈活性，可塑性很強，是發展柔韌性的最好時機。13～14歲期間，柔韌性依然保持著一定的可塑性，因此，在訓練中必須堅持不斷地做發展柔韌性的練習。

發展柔韌性可採用伸展肌肉的各種柔軟體操練習，如：肋木練習、器械體操練習，以及墊上韌帶牽拉練習等。

應注意的是，在準備活動前和練習課後都應進行各

種牽拉練習，防止肌肉因練習而產生僵硬，造成傷病現象的出現。

2.2.5　協調性訓練

協調性是指運動員在各種突變的條件下，能夠迅速地、準確地、協調地改變身體運動的能力。表現在能夠掌握和完成多種多樣的身體練習，掌握和完成多種運動技術。

常用方法有：在各種複雜、困難的條件下完成各種身體練習。如墊上運動、體操、武術、球類等。

在《怎樣跑得快》這本書中，我們已經為你們介紹了一些常用的一般素質訓練方法。

在跳遠中的一般素質訓練方法和跑是基本相同的，你們可以看一看《怎樣跑得快》這本書，從中找出你所需要的練習方法。

2.3　跳遠基本技術訓練的主要練習方式

這個階段的訓練應著重於基本技術練習，並不斷提升基本技術的熟練程度。

2.3.1　助跑技術練習

隨著年齡的增加，速度和跳躍能力也隨之提高。在

前一段練習的基礎上，應在原來的助跑步數適當增加2～4步。為了提高助跑速度和準確性，應適當增加助跑技術練習。

常用的助跑技術練習方式有：

（1）全程助跑練習

（2）跑道上的助跑練習

進行助跑練習時，都應要求準確地踏上起跳板。為了準確地踏上起跳板，應注意保持穩定的助跑節奏。

2.3.2 起跳技術練習

起跳練習應注意在保持一定助跑速度的情況下，做到跑跳結合連貫自然。

常用的起跳技術練習方式有：

（1）原地起跳模仿練習

（2）原地三步助跑起跳練習

（3）連續三步（或五步）助跑起跳練習

（4）6～7步助跑起跳練習

（5）全程助跑起跳練習

2.3.3 空中動作技術練習

為了增加空中騰空時間，加深技術動作的體會，可以採用一些輔助器械幫助練習。

常用的空中技術練習方式有：

圖 2-1　短程助跑斜板起跳空中技術練習

圖 2-2　高臺起跳空中技術練習

　　（1）原地空中技術動作模仿練習（蹲踞式、挺身式、走步式）

　　（2）短程助跑斜板起跳空中技術練習（圖2-1）

　　（3）高臺起跳空中技術練習（圖2-2）

　　（4）短程助跑（6～8步）起跳空中技術練習

　　（5）中程助跑（10～14步）起跳空中技術練習

2．4　比賽技巧

可能你在練習中能跳得很遠，但在比賽中卻因為這樣或那樣的原因不能發揮出正常水準。如何才能在比賽中正常發揮水準，是每一個參加比賽的人所希望的。所以，學會怎樣安排比賽前的練習和怎樣比賽是非常重要的。

2.4.1　賽前訓練的內容和安排

（1）賽前訓練的內容、手段、負荷量和強度

① 逐漸減少訓練內容，取消一般訓練內容，只保留與專項關係密切的訓練內容，如技術、速度、專項彈跳及力量訓練的內容等，像速度耐力、一般跳躍訓練、一般力量訓練及一般身體訓練的內容大量減少或根本取消。

② 在訓練方式方面主要安排與專項關係最密切的方式。比如速度訓練主要以 60 公尺以內的全速跑為主，技術訓練主要是全程或中程以上助跑的完整技術和練習，並且要增加全程助跑結合起跳的練習。

彈跳訓練則主要保留短距離的各種跳躍練習以及短助跑的多級跳練習。

怎樣跳得遠

力量訓練以爆發性的快速練習手段為主。

③ 從賽前的專門準備期開始，訓練的負荷呈逐漸下降的趨勢。

負荷量的下降主要表現在訓練內容方式的減少，訓練課時間的縮短，以及每一個訓練方式練習重複次數的減少和中間休息加長等。減到一定程度後要保持一定的訓練量，採取一天略大、一天略小或一天略大、兩天略小的安排方法，使運動員在訓練後可以及時地恢復過來，但又保持對機體的一定刺激，這樣有利於運動員保持旺盛的體力和良好的競技狀態。

④ 在訓練負荷逐漸下降的同時，訓練強度要逐漸提高，在賽前兩周之內，各主要素質和專項技術訓練強度均達到最大。

應注意的是，不能在一次訓練課中各種方式訓練強度都大，需有計劃地使各種方式的強度分別提高，否則易引起傷害事故；在賽前的專門準備期中，不能使訓練強度總保持在高水準上。

因為這樣做的結果可能會造成運動員在比賽時興奮性下降，競技狀態降低。

在賽前最後一周訓練中，訓練強度應保持在中或中上水平，使運動員在進行高強度訓練之後有一個恢復期，從而在比賽時達到一個新的高峰。

（2）賽前訓練的時間及方式、方法

每個人之間都存在著很大的個體差異。比賽前的調整時間及方式、方法也應有所不同。調整時間一般為大賽前一周左右。調整時間的長短應根據前一段的訓練情況、體力狀況、體力保持的時間長短，以及個人年齡等因素來確定。

調整方式主要是在前一階段已經減少的負荷量基礎上，進一步減少訓練內容和練習的數量，甚至減少訓練課次，縮短訓練時間，同時在訓練強度上有所降低。

保持一定數量的專項素質訓練和技術訓練，在使運動員的體力得到恢復、達到最佳狀態的同時，能夠保持高水準的運動素質和熟練的技術。

2.4.2 賽前生活安排

比賽猶如打仗，在上陣前應做好充分的準備。

一、要有充足的營養，就像戰士戰前要準備充足的彈藥一樣，在飲食中要保證有足夠的糖、脂肪、蛋白質、維生素及微量營養素，該吃些什麼，你可以請教老師或爸爸媽媽。

二、要有充足的休息，起居有規律，每天至少要有8～9個小時的睡眠。可適當參加一些娛樂性的活動，放鬆緊張情緒，但不能打亂生活規律。

2.4.3 賽前準備工作

　　賽前需要做很多準備工作。首先，做好自我準備，如服裝尺寸是否合適、釘鞋是否合腳；仔細看看比賽手冊，哪一天、什麼時間、參加什麼項目的比賽等。如果有餘裕還應該了解其他運動員的情況，做到知己知彼。另外，還應該到比賽現場熟悉場地，像參加比賽那樣進行適當的訓練。做好這些準備工作對你創造好成績非常有利。

　　運動營養調劑的功效主要體現於日常生活中。臨賽時期的營養調劑不過是平時營養過程的延續。沒有長期的累積作用，臨時性突擊式補充營養素是很難見效的，弄不好反而會起副作用。

　　所以，運動員不可寄望於賽前加餐，而應使賽前的營養調劑與平時飲食習慣相一致。

　　建議少年朋友注意以下幾點。

　　（1）由於在賽前運動負荷減少，人體對熱能的需求減少，加上賽前精神緊張，消化機能減弱，賽前飲食應在保持營養平衡的基礎上，減少進食量。

　　（2）賽前的食物應比較細軟，食品體積和重量小一些較好，並應含有豐富碳水化合物，如饅頭、麵包、發麵餅、餅乾、蜂蜜、果醬、果凍、蛋糕等。賽前應多吃水果和蔬菜，可以有效地增加體內的鹼儲備。一些脂

肪類食物，由於在胃內滯留時間較長，消化吸收緩慢，一般在比賽當日以少吃、不吃為宜。

（3）賽前一餐應在 2～3 小時前，以保證在比賽時大部分食物能從胃腸上部排空。

另外，應注意培養自己的應急能力。萬一比賽時出現出乎意料的事情，比如鞋帶斷了，或是找不到廁所之類的事，要能冷靜地馬上找到解決的辦法。

2.4.4　比賽中的簡單戰術

（1）賽前準備工作

跳遠運動員的戰術主要是在了解比賽規則和裁判方法的基礎上，掌握比賽場上的「精神戰」，這可以幫助你贏得比賽。

首先，應收集並研究有關比賽的地點、條件和氣象資料。例如，場地的長度、助跑道的類型、風向、準備活動和集合地點，以及參賽運動員的人數等等。這些資料有助於在比賽中更快地分析情況並做出決定：正確估計氣溫以便選擇運動服和準備活動時間的長短、根據場地條件選擇比賽鞋和鞋釘的長度、根據風向和風力決定改變助跑長度等。

其次，在賽前 5～7 天可以和教練員（或父母）一起制定出個人比賽計劃。在賽前的訓練課中，在比較安

靜的狀況下，檢查一下總的比賽方案，並調整好助跑節奏，做一些速度力量練習。可以在賽前 4～5 天進行全程助跑的跳遠練習，爭取最好成績，以增強自己的比賽自信心。

最後，要細心地檢查自己的情緒，及時發現不安現象。如果有脈搏加快（20～25 次／10 秒），臉色發紅、瞳孔放大、無事亂忙、為小事而激動等現象，說明你的情緒過分緊張，心理不穩定，需要調節了。

應記住的是，每一個人在比賽前都會緊張的，緊張並不可怕，適當的緊張可以提高你的鬥志。如果感覺過分緊張的話，可以在安靜的環境做準備活動或採用合理放鬆方法進行調整。

但如果感到全身無力、萎靡不振、瞳孔收縮，則應在準備活動中加上 3～4 次的 25 公尺加速跑。如果你感到精神狀態不好，情緒反覆無常，則應進行自我鼓勵，正確認識自我，開開玩笑，放鬆情緒。

（2）比賽當天的準備工作

首先，為擺脫緊張情緒和排除雜念，做些平時習慣的日常工作，或讀有趣的書、看電視、聽音樂、散步等，或者躺著休息一下。也可以透過做深呼吸練習，幫助放鬆穩定情緒。

深呼吸方法：坐姿，深吸氣並屏氣 5～6 秒，全身

肌肉緊張，然後慢呼氣並放鬆，重複 3～4 次。

其次，準備活動一般應在點名前 30～40 分鐘時進行。在比賽開始前 15～20 分鐘被帶進比賽場地後，可利用比賽場地繼續完成其他的準備活動。

賽前準備活動，應集中注意力在即將進行的比賽上，以我為主，不應過多地關注對手的情況。

最後，每次試跳之間，可以平靜地走一走，躺下休息一下，或者看對手跳，也可背過身去不看比賽。每次試跳後可以回顧一下上一次試跳的情況，集中於技術動作的完成情況，對於造成上一次失敗的原因，及時進行調整，然後滿懷信心地準備下一次試跳。每次試跳前 7 分鐘，應積極進行準備，必須像「過電影」一樣想像一下自己的技術動作，集中思想於如何正確地完成動作，而不要想缺點。然後活動一下兩腿，可以採用騰空步、多級跳和加速跑等練習提高興奮性。

必須記住：只要比賽沒完，你就還有機會贏！許多運動員都是在最後一次跳遠中戰勝對手的。只有那些能充分相信自己的力量，有信心戰勝對手的人，才能獲得最後的勝利。

即使你輸了，要輸得起，做好總結為了以後的勝利鋪好基礎。

最後，比賽後要注意把自己比賽中的每一跳情況都詳細地記錄下來，包括成功的與失敗的，助跑長度、競

怎樣跳得遠

爭的過程、自我感覺以及心理狀態等。只有這樣，才能不斷進步，不斷完善自我，你才會越跳越遠。

2.5 練習中可能出現的傷病的預防與治療

2.5.1 常見的傷病種類和引起傷病的主要原因

運動損傷是指在體育運動過程中所發生的各種損傷。它的發生與運動訓練安排、運動項目與技術動作、運動訓練水準、運動環境與條件等因素有關。

我們應該以預防為主，積極治療，抓早抓小，練治結合。

（1）跳遠比賽訓練中容易發生的損傷

①跑類練習中易產生的傷病：如下肢髖關節、膝關節、踝關節的損傷，跟腱傷，大腿前後群肌肉拉傷，腰肌損傷等。

②跳類練習中易產生的傷病：如髕骨軟骨損傷、腰部肌肉疼痛、腰椎損傷等。

③投類練習時易出現的傷病：如肘、肩、軀幹、膝損傷等。

（2）運動損傷發生的基本原因

① 缺乏必要的預防運動損傷知識。
② 訓練水準不夠。
③ 教學、訓練和比賽安排不當。
④ 運動參加者的生理、心理狀態不良。
⑤ 場地、器材、護具、服裝不符合要求。
⑥ 準備活動不充分。

2.5.2 傷病的預防措施

為了防止發生傷害事故，應該做到以下幾點：

（1）重視傷病預防工作

練習中，一定要時刻重視對傷病的預防工作。從訓練計劃的制定、練習場地的布置、集中注意力等方面都應做好預防工作。

（2）透過準備活動進行預防

透過做準備活動使身體各個部位活動開，特別是那些將要參與運動的部位。同時你會發現，你的體溫也升高了，這樣就不容易出現事故。而且，做好準備活動還能夠使你精神煥發地投入訓練。

（3）透過提高技能進行預防

有些傷害事故是因為你的技術不夠好才發生的。所以，技術訓練不僅僅是提高成績的途徑，同時也是預防受傷事故的手段。

另外，在比賽和訓練中的放鬆能力也很重要，放鬆了才能自如地做出所需要的動作。緊張會破壞技術動作完成的質量，大大增加出現受傷事故的可能性。

（4）透過加強身體素質進行預防

掌握了良好的技能不能完全保證你安然無恙，因為在你所進行的活動中，如果超過自身身體素質所能承受的範圍時，就有受傷的危險。加強身體素質可減少受傷的危險。

（5）透過充足營養進行預防

大家知道，補充充足的營養可以在訓練課後幫助運動員加快恢復過程，從而起到預防損傷的作用。如果得不到充足的營養，訓練時就會感到很疲憊。

在疲憊的情況下，運動員會注意力不集中，容易造成傷害事故。如運動員被放在跑道旁的器械或其他物品絆倒扭傷踝關節，或被摔得鼻青臉腫。所以，在訓練中應高度重視環境的安全問題。

這些環境問題包括設施器材是否有損壞、使用是否得當、場地是否平整、沙坑是否鬆軟。另外，運動員的服裝、使用的釘鞋也要充分考慮安全、合適。

（6）透過治療進行預防

運動員的舊傷有復發甚至進一步加重的可能。所以在有可能的情況下，必須對運動員損傷部位進行治療。如對受傷關節只採用保護帶固定的方法雖然很有幫助，但絕不能取代受傷關節的治療和康復。

2.5.3 受傷後的緊急處理

在訓練或比賽中，受傷的部位、性質和程度是不同的。較輕的損傷，如不慎摔倒或其他原因造成的皮膚擦傷做簡單處理即可，對訓練不會有太大影響。如果傷勢嚴重，應立即請醫生或迅速送到醫院治療。

常見的損傷是軟組織損傷，它包括肌肉、肌腱、韌帶等的損傷。

常見的軟組織損傷形式有碰傷、刺傷、擦傷以及扭傷和拉傷。

比如，在你跑步時，不小心把腳扭了，感到很疼痛，很可能是韌帶受傷了；在做動作時用力過猛，很可能會把大腿的肌肉拉傷。

對輕度組織損傷的緊急處理可採用以下步驟：

休息——讓受傷部位保持靜止狀態。

冷處理——用冷水沖受傷的部位，或把冰塊直接、間接地放在受傷的皮膚上。

加壓——用消毒繃帶或直接用手對受傷部位加壓。

抬高——將受傷部位置於高於心臟的位置，如腿部受傷的運動員仰臥，用支撐物將受傷腿托起。

如果是比較嚴重的受傷，例如骨折或肌肉拉斷，應立即送往醫院進行治療，或者儘快和醫生取得聯繫，按照醫生的囑咐進行處理，千萬不要自作主張。

2.5.4 受傷期間的治療和恢復訓練

受傷的運動員主要以休息和醫院治療為主。恢復和治療的時間因損傷的部位和程度不同，其時間長短也有不同。

在重返運動場之前，運動員必須要完全恢復，以防再次受傷。但是在這個期間，也不是完全休息和一點不動。應制定相應的恢復性訓練計劃，儘快恢復，開始正常訓練。

首先可做些力所能及的練習，適當活動損傷部位。隨著傷勢的好轉，應做些伸展練習，接著可做些力量練習及跑跳的練習。這些練習以不疼痛為限。當完全恢復後，就可進行正式的訓練和比賽。

2.6　是什麼影響了你的成績提升

經過長時間系統的訓練和比賽，你的成績仍不見長，肯定是在訓練中存在某些問題。是什麼問題呢？看看是否有以下的原因。

2.6.1　身體素質水準

首先，你要了解的就是你的身體素質水準是否有所提升。你可以利用表 2-1 中的數據進行自我評定。身體素質是運動成績發揮的基礎，只有具備了一定等級的身體素質水準，才可能達到相應的運動成績水準。

2.6.2　專項技術因素

即使你有良好的身體素質作基礎，由於沒有掌握合理的技術，你的跑速就不能提升。我們經常看到有些運動員使盡渾身力量就是跑不快，原因就在於此。

2.6.3　心理因素

大家都有這樣的印象，越是臨近比賽，越是大賽，心裡越緊張。一想起比賽就會感到心在怦怦跳，無法控制。適度的心理緊張是必要的，但過分緊張將會給比賽帶來麻煩。消除這種過分的緊張狀態，可以利用經常參

加比賽來解決。經常參加比賽，有了比賽經驗就不害怕了。

　　另一方面，可以透過心理訓練來解決，這是一種非常好的方法。例如，針對比賽中可能出現的情況或問題進行模擬實戰的反覆練習，想像你現在的訓練就是即將來臨的比賽，想像你的同伴就是你的對手，在假想的比賽中找到可能會出現的問題，透過「默念」使全身心放鬆，用「鎮靜」「放鬆」等語言進行提示，在反覆的默念之後，你會發現放鬆感迅速傳遍全身；保持充分的睡眠，轉移注意力，把注意力轉移到其他事情上去，使心理獲得放鬆。

2.6.4　綜合因素

　　經過長期系統的訓練，你的成績穩定提升，這令你非常高興，並充滿信心繼續努力。但是，如果你的成績提升幅度不大，甚至停滯不前，千萬別灰心，也許在其他方面存在問題，找找是什麼原因。

　　影響成績提升的因素很多。可能是你的身體條件不好，也可能是訓練的內容、方法、方式不適合，也可能是自身努力不夠，或者是客觀條件，如場地、器材、氣候的影響。

　　要知道，不是每天跑跑跳跳就能提升成績的，訓練是一門科學。人與人之間有著不同程度的差異。如你今

天感到不舒服，情緒低落，訓練計劃未能完成，影響了訓練效果；明天因為訓練不當，造成損傷，致使長期不能正規訓練，打亂了原有的計劃，也影響了你成績的提升。

還有，採用的訓練方法、訓練負荷的安排是否合理，需要長期的摸索。訓練是有規律可循的，你必須找到它。

至於因為身體條件差，就認為自己不是這塊材料，就放棄了，那可就不好了。

2.7　自我檢查與評定

經過一段時間的練習後，你一定又提升了不少。隨著年齡的增長，各項測試項目的要求也有所提高，那麼，現在你的水準如何呢？

你可以根據表2-1中所列的各項測試項目的評定標準，自己進行測試評定。你可以對照這些測試標準，看看哪些已達到較高水準了，哪些還需要繼續努力。在今後的訓練中，應繼續保持優點，重點提高那些有差距的方面。

（1）評定項目意義與使用方法

100公尺、30公尺跑反映速度能力；立定三級跳

表 2-1　跳遠中級階段自我評定表

性別	年齡	等級	跳遠成績（公尺）	100公尺（秒）	30公尺起跑（秒）	立定三級跳遠（公尺）	5步助跑五級單足跳（公尺）	鉛球後拋（公尺）	7步助跑跳遠（公尺）
男子	13歲	優秀	6.20	12.6	4.4	7.40	15.50	12.00	5.60
		良好	5.80	12.8	4.6	7.00	14.50	11.00	5.30
		及格	5.20	13.4	4.9	6.60	13.00	8.00	4.70
	14歲	優秀	6.40	12.4	4.3	7.60	17.50	13.00	6.00
		良好	6.00	12.6	4.5	7.20	16.50	12.00	5.60
		及格	5.40	12.2	4.8	6.80	15.00	9.00	5.00
女子	13歲	優秀	5.00	13.2	4.5	6.60	14.50	9.00	4.80
		良好	4.60	13.5	4.7	6.40	13.50	8.00	4.40
		及格	4.00	14.1	5.0	6.00	12.00	6.00	3.80
	14歲	優秀	5.40	13.0	4.4	6.80	15.00	10.50	4.90
		良好	5.00	13.4	4.6	6.60	14.00	9.50	4.60
		及格	4.40	14.0	4.9	6.30	12.50	7.50	4.00

註：男子鉛球重量為4公斤；女子鉛球重量為3公斤。

遠、後拋鉛球反映爆發力能力；5步助跑五級單足跳反映專項跳躍能力和基本跳躍技術；7步助跑跳遠反映基本跳遠技術，跳遠成績反映專項成績水準。

此外，跳遠成績與7步助跑跳遠成績是否在一個水平線上，反映你的綜合技術水準。如果跳遠成績的等級要高於7步助跑跳遠成績，說明你的基本跳遠技術和跳

躍能力、力量能力存在差距，應注意提升；反過來，7步助跑跳遠成績的等級高於跳遠成績，說明你的基本技術掌握得較好，但助跑速度能力或在快速助跑下完成有效起跳的能力存在差距，應注意提升。

（2）測試項目的測試方法

其中，30公尺、跳遠項目同初級階段。100公尺測試方法同30公尺。其他項目的測試方法介紹如下：

① 拋鉛球

背對投擲方向，兩腳開立，腳後跟不得踩踏或越過起擲線。雙手持球經預蹲後自下而上地用力將球向後方拋出。球出手後身體可以隨慣性後退越過起擲線。

從鉛球落地點的最近點丈量，至起擲線為後拋鉛球的實際距離。

② 立定三級跳遠

雙腳平行開立，站在起跳線後，屈膝半蹲，向前擺臂並蹬伸雙腿，用雙腳蹬離地面跳起。然後依次用單腳換步跨跳，最後一步雙腳落入沙坑。

成績丈量，從沙坑落點的最近點起，至起跳線的垂直距離。

③ 5步助跑五級單足跳

原地起動開始助跑，不得隨意加走步或行進間起動。用5步助跑至起跳線開始用起跳腿起跳，連續完成

5次跳躍，最後一跳蹬離地面後用雙腳落入沙坑。

成績丈量，從沙坑落地點的最近點起，至起跳線的垂直距離。

④ 7步助跑跳遠

原地起動開始助跑，不得隨意加走步或行進間起動。用7步助跑至起跳線起跳，完成跳遠技術，用雙腳落入沙坑。

成績丈量，從沙坑落地點的最近點起，至起跳線的垂直距離。

除速度項目外，各項測試項目都可以有三次測試機會，取最好一次的成績為測試成績。

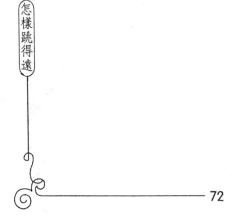

如果你想跳得遠

——給 15～17 歲的青少年朋友

（高級階段）

3.1 怎樣才能成為出色的跳遠運動員

經過初級和中級的訓練，也許你對跳遠這個項目已經有了濃厚的興趣，夢想成為一名優秀的跳遠運動員。要實現你的夢想，不僅需要你的天賦和熱情，更重要的是透過科學系統的跳遠訓練，全面發展你的專項身體素質，改進跳遠技術，增加你的比賽經驗，提高跳遠成績，從而成為一名出色的跳遠運動員。

那麼，一名優秀的跳遠運動員一般都需具備哪些身體素質？具有哪些特點呢？

跳遠是速度、爆發力和協調靈活性要求較高的體能類速度力量性的項目。要想成為一名出色的跳遠運動員，首先應具有較好的速度和彈跳力以及較高的靈敏協

調性；其次是運動員應具有較高的身材，體型要較勻稱；再次是具有穩定、堅強拼搏的心理素質。

3.1.1 跳遠需要發展哪些專門身體素質

跳遠訓練實質上就是如何讓你跑得更快、跳得更遠。也就是說，首先要選擇合理的訓練方法，發展你的速度、力量、彈跳、協調和柔韌等身體素質，改進你的跑、跳技術，從而使你能跳得更遠。

經過前一階段的訓練，你已經具備了一定的身體機能、身體素質和技術基礎，使你具備了承擔大負荷訓練的能力。合理的、科學的大負荷訓練是提高跳遠成績的基礎。

那麼，跳遠運動員需要發展哪些身體素質呢？

（1）速度

速度是決定跳遠成績的關鍵之一。速度包括反應速度、動作速度和動作頻率三種。

反應速度：是指運動員對外界刺激（如聲、光、觸）快速應答的能力，即做出反應的潛伏時間。發展反應速度的練習主要用各種信號如槍聲、掌聲、口令聲等來刺激運動員。

動作速度：是指運動員快速完成動作的能力，如投擲項目的最後器械出手動作速度。發展動作速度主要透

過快速重複完成某一動作的練習來實現，如跳躍的起跳動作、投擲的滑步最後用力等。

動作頻率：是指運動員在單位時間內完成相同動作的次數，如賽跑運動員的步頻等。動作頻率練習的方法很多，如快速高抬腿、小步跑、標記跑、低臺階交換跑等。

跳遠運動員應具備這三種速度，特別是動作速度和動作頻率更為重要。

100 公尺的速度（動作頻率）與跳遠成績是依賴的關係，如表 3-2。

表 3-2　100 公尺跑成績與跳遠成績關係表

100 公尺	跳遠	100 公尺	跳遠	100 公尺	跳遠
10.6	8.08	11.5	7.00	12.4	5.88
10.7	7.96	11.6	6.88	12.5	5.76
10.8	7.84	11.7	6.76	12.6	5.64
10.9	7.72	11.8	6.64	12.7	5.52
11.0	7.60	11.9	6.52	12.8	5.40
11.1	7.48	12.0	6.40	12.9	5.28
11.2	7.36	12.1	6.28	13.0	5.16
11.3	7.24	12.2	6.16	13.1	5.04
11.4	7.12	12.3	6.04	13.2	4.92

（2）力量

跳遠運動員以提高快速力量為主，即在儘可能短的時間內表現出肌肉最強的收縮，也稱之為爆發力。彈跳力是速度和力量之和。因此，爆發力對跳遠運動員來說尤其重要。

（3）協調靈敏

是跳遠運動員很重要的專門身體素質之一，決定跳遠技術的好壞取決於協調靈敏的程度。

（4）軀幹力量

軀幹力量是跳遠運動員不可缺少的素質，特別對女子跳遠運動員更為重要。

3.1.2 跳遠身體素質訓練的內容

（1）速度訓練

跳遠項目所需要的速度，主要是移動速度，也就是跑得快。

那麼，跳遠速度訓練中應注意哪些問題呢？

跳遠速度訓練不僅需要跑得快，還要求在你所選擇的助跑距離內儘可能地達到最大速度，並且要求在快速

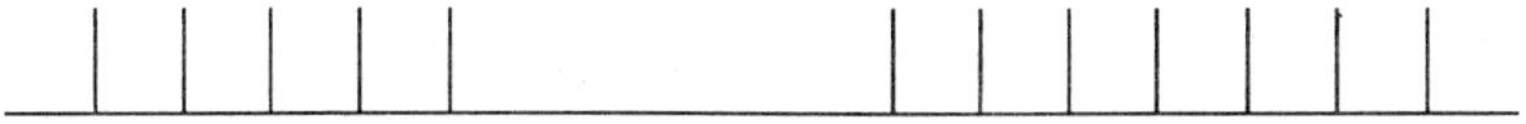

20～25 個標記（間隔：7 個半～8 個腳長）

圖 3-1　標記跑的標記擺放示意圖

助跑下完成起跳動作和準確地踏上起跳板。

　　因此，跳遠速度訓練中，首先，應在提高速度的基礎上，結合助跑技術進行大量的助跑速度訓練，儘可能地在助跑時發揮出最大的速度能力；其次，在提高助跑速度的同時，應注意提高跑動節奏的穩定性和準確性；再次，在助跑速度提高的同時，應同時加強起跳技術練習，使起跳技術同步得到改進，才能使助跑速度充分發揮作用。

　　應注意的是，一定要養成快速跑上板的助跑技術，防止形成為了起跳而減慢速度上板起跳的錯誤技術。

　　常用的速度訓練方法包括：

　　①各種跑的專門練習（以高抬腿及車輪跑為主）；不同距離的速度訓練，如：30 公尺、50 公尺、60 公尺、100 公尺的計時跑；100～250 公尺的反覆跑以及 400 公尺以上的變速跑等。

　　②標記跑（圖 3-1）。標記擺放方法：用 20～25 個標記，距離為自己的 7～8 個腳長。

　　③變換節奏標記跑。標記擺放方法：前段用 10～16 個標記跑，間距小於正常步子，中段不要標記的自然步

跑 8～12 步，後段用 10～16 個標記跑正常步子。

④ 跑道上跑個人的全程助跑練習。

⑤ 用 3、5、7、9、11 步跨低欄，要求欄間快，節奏感強。

⑥ 在高 20 公分的臺階做兩腳上下快速交換跑練習，教練員可用掌聲來刺激運動員進行練習。

⑦ 下坡跑或「牽引跑」練習。目的是提高動作的頻率。

（2）力量（爆發力）訓練

人體跑動和跳躍的動力主要來源於身體肌肉的快速有力的收縮做功，因此，發展和提高肌肉力量是提高成績的基礎。增加肌肉力量有多種途徑，跳遠運動員所需要的肌肉力量應與投擲和跑類運動員有區別。

跳遠運動員是在快速跑動中利用起跳使你自身跳出儘可能遠的遠度，過度的最大力量練習會過度增大肌肉橫斷面，勢必會增加肌肉重量和體重，增加了起跳時的身體負荷和完成起跳的難度，不利於獲得好的起跳效果。因此，跳遠運動員合理的力量訓練，應注意既增加肌肉力量又不過分增大肌肉纖維。

在跳遠力量訓練時，必須處理好負荷量、動作結構、動作速度、重複次數、間隔時間等各方面之間的關係。

那麼，力量訓練應注意哪些問題呢？

①訓練中，應首先發展速度力量，然後發展最大力量。在15歲以前以一般力量、快速力量和跳躍性練習為主，嚴格控制超過身體重量的大負荷力量練習，防止對身體造成傷害。在15歲以後可以逐漸增加中等力量的練習。

②安排力量練習時，應注意在發展下肢力量的同時，注意對上肢力量和軀幹力量的練習；此外，在發展某一肌群時，應注意發展與這一肌群對應的對抗肌群，如：發展大腿前群肌肉力量的同時，注意發展大腿後群肌肉的力量。

③在進行力量練習時，首先應掌握正確的練習動作。否則，不但只會「事倍功半」，而且容易出現傷害事故。

跳遠力量練習都有哪些方法和手段呢？

①以跳躍來發展爆發力的訓練內容

立定跳遠、立定三級跳遠、立定五級跨步跳、立定十級跨步跳等；30～100公尺的單足跳、跨步跳、單跨結合跳和多級蛙跳；6～10個欄架的雙腳或單腳跳欄練習（欄架高度和欄間距離根據練習者的水準確定）；跳深；在臺階或高物上做雙腳上下交換跳。

②以槓鈴或輕器械訓練的內容

抓舉，快速跳推，提拉，高翻，全蹲，半蹲，跨

蹲，跳蹲，負輕重量跨步走，壺鈴蹲跳，前、後拋鉛球。

以上練習是以快速完成動作為中心，每次重複的次數不應超過 10 次為佳。

（3）協調、靈敏的訓練內容

協調和靈敏素質是透過多種多樣的練習進行，利用對多種技能的掌握和練習，提高人體神經系統的靈活性，提高人體對全身肌肉關節的調節支配能力，增加人體的多種技能儲備，特別是在一定的外界壓力和緊急狀況下的身體調節能力，從而有效地提高協調、靈敏素質水準。

協調、靈敏素質的訓練可以透過以下途徑進行：

可在準備活動中穿插安排練習。

透過練習跨欄或從欄側、欄中過欄來發展協調、靈敏性。

適當安排一些徒手體操及墊上運動進行協調、靈敏性的訓練。

在調整訓練中可安排各種球類活動來提高協調、靈敏性。

（4）軀幹力量訓練內容

在肋木上懸垂收腹舉腿練習（圖 3-2）；

圖3-2 在肋木上懸垂收腹舉腿練習

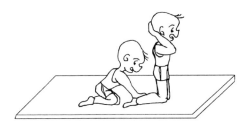

圖3-3 在墊上做跪撐起練習

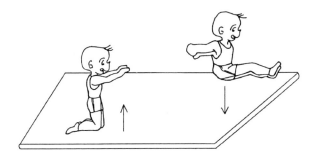

圖3-4 在墊上做跪跳伸腿練習

在墊上做跪撐起練習（圖3-3）

在墊上進行跪跳伸腿練習（圖3-4）；

（1）負重腹肌練習　　　　　（2）負重背肌練習

圖3-5

圖3-6　提壺鈴轉體練習

怎樣跳得遠

負重護腿進行腹、背肌練習（圖3-5）；
提壺鈴轉體練習（圖3-6）。

3.1.3 怎樣進行跳遠的技術訓練

跳遠的技術是由助跑、助跑與起跳相結合、騰空與落地組成。在進行跳遠技術訓練時，一般應把助跑與起跳相結合的技術作為重點，然後是改進騰空與落地動作，使跳遠技術不斷完善。

（1）進行助跑與起跳相結合的訓練

短、中、全程的助跑與起跳相結合的練習（一般助跑的劃分短程為6～8步；中程為10～12步；全程為16步以上）。

【要求】：跑的技術要正確，跑得放鬆並有彈性，最後2～4步應加速上板，踏板準確。

初學者可根據自己的步長，進行放標記的助跑，以提高助跑的穩定性。

（2）學習並改進起跳技術的訓練

原地模仿起跳：此練習中應注意擺動腿及擺臂和蹬地腿及軀幹的配合。

上步起跳練習：如原地上一步起跳、原地上三步起跳、30公尺連續上一步起跳、30公尺連續上三步起跳。注意在練習中要做到上下肢動作用力的一致性。

（3）助跑起跳相結合的練習

三步助跑連續起跳。

5～6步助跑起跳或起跳上高物。

練習時要求後兩步快速上板接起跳動作。

（4）學習並練習適合個人特點的空中動作

短程助跑起跳後做走步式或挺身式動作及自然的落地動作。

中程助跑走步式或挺身式跳遠。

全程助跑走步式或挺身式跳遠。

（5）學習掌握落地技術

立定跳遠練習（在平地或在高於地面 20 公分進行），注意體會高抬雙腿前伸小腿落地的動作。

短程助跑跳遠高抬雙腿前伸小腿落地，落地的方式可根據個人的能力進行選擇前倒、側倒或坐落式。

（6）進行全程助跑完整技術練習，要求做到快、穩、準、直。

3.1.4 青少年跳遠訓練安排事例

以周安排為例：

第一種：以一周四次課為例。

一般性準備活動（慢跑─做操─壓腿─加速跑等）。

第一次課：以發展速度和彈跳為主。

內容有：反覆跑 30 公尺×3、60 公尺×2、100 公尺×1～2 組，上肢力量以中、小重量為主，3～4 組，沙坑跳（交換跳或雙腳跳練習）或跳欄架 4～5 組。

第二次課：學習掌握技術和發展身體素質。

內容有：學習並掌握基本技術，短、中程的助跑起跳練習各 6～8 次，可利用跳板起跳改進空中動作（中程不要用跳板），素質練習以發展腹背肌力量為主。

第三次課：發展力量與速度耐力。內容有：負槓鈴半蹲 3～4 組，輕槓鈴抓、挺舉 3 組，臥推 3 組，120 或 150 公尺反覆跑 3～4 次。

第四次課：發展專項彈跳力與身體素質。

內容有：立定跳遠、跳深、三級跳遠、立定五級單足跳、五級蛙跳、助跑五級單足跳、十級跨跳等，墊上成套的柔韌性練習（壓腿、劈叉、下腰等）。

第二種：以一周五次課為例。

以專項為特點的準備活動（慢跑──做自編的結合跳遠技術的行進間操──加速跑）。

第一次課：運動量中。任務：以改進個人跳遠技術為主，發展一般的素質。

內容有：上步起跳，短程起跳，中、全程助跑跳遠各 4～6 次，改進落地動作數次，負沙腿進行擺腿、繞

欄練習及徒步走過欄練習，以發展髖關節的力量、柔韌性、靈活性為目的。

第二次課：運動量大。任務：發展提高個人的速度能力及彈跳力。

內容有：反覆跑 30 公尺×4、50 公尺×3、100 公尺×2、反覆跑 200 公尺×2～3 組，負重跳繩或跳低欄架 5～6 組。

第三次課：運動量小。任務：發展力量和速度耐力。內容有：快速推舉 3～4 組，負輕槓鈴臺階交換跳 3～4 組，槓鈴半蹲起 4 組，1600～2000 公尺變速跑。

第四次課：運動量大。任務：以改進個人跳遠技術和提高跳的專項能力為主，發展一般的身體素質。

內容有：利用標記中程助跑（目的是改進助跑的節奏性與穩定性）與起跳相結合 6～8 次，利用斜板起跳（短程助跑）改進騰空動作 8～10 次，全程助跑跳遠 8～10 次，墊上柔韌性和腹背肌練習 30 分鐘。

第五次課：運動量中。任務：發展速度耐力和彈跳力。

內容有：重複跑 100 公尺—150 公尺—200 公尺—150 公尺—100 公尺×1～2 組，跳繩（單、雙搖跳）80～100 次或跳深 50～60 次。

第三種：以一周六次課為例。

準備活動按個人的特點編操進行。

第一次課：運動量中。任務：發展速度和力量。

內容有：反覆跑 60 公尺×6，反覆跑 150 公尺×3～4 次，全蹲槓鈴 3 組，半蹲 5 組，跨步跳 60 公尺與蹲槓鈴交替進行。

第二次課：運動量小。任務：發展身體素質和彈跳力。

內容有：墊上成套柔韌性操練習 30～40 分鐘，連續跳過 10 個欄架 3 組。

第三次課：運動量大。任務：改進跳的技術和提高跳的能力，發展一般的速度耐力。

內容有：放標記物進行全程助跑踏板練習 5～6 次，全程跳 8～10 次，利用器械起跳改進及體會空中動作，改進落地動作數次，反覆跑 200 公尺×3～4 次或耐力跑 3000 公尺。

第四次課：運動量中。任務：發展力量和彈跳力。

內容有：臥推 3 組，抓舉 3 組，快速全蹲起×3 組（中、小力量），半蹲 5 組，跳深 80～100 次。

第五次課：運動量小。任務：發展一般的身體素質。

內容有：成套的行進間踢腿、壓腿、靈敏、協調性操，墊上跪跳起和屈伸起練習等。

第六次課：運動量大。任務：改進個人技術和提高跳的能力。

內容有：全程助跑練習 5～6 次，全程跳遠 10～12 次，改進落地技術數次，十級跨步跳×3 組。

以上三種訓練事例，主要是針對準備期的訓練任務安排的，你應根據個人的具體情況在訓練量、訓練強度和練習內容上有所增減或調整。

3.1.5 現代優秀跳遠運動員的技術特點及發展趨勢

（1）助跑速度快的特點

助跑速度與跳遠成績成正比，100 公尺成績越好，跳遠的成績也就越好。現代優秀運動員的助跑距離有增加的趨勢，如劉易斯、鮑威爾的助跑距離都已超過 50 公尺。除了助跑速度快還應注意保持後四步的快節奏，才能提高上板的速度。

（2）「跑步式」起跳的特點

在起跳前能保持跑的動作結構和放鬆，使起跳快速平穩地上板，「跑步式」跳遠起跳的技術重視擺動腿快擺的作用。

（3）起跳速度快的特點

研究調查的結果證實，所有取得優異成績的運動員

的起跳時間相對較短，其表現為快速上板、緩衝屈膝角度增大、較合理的騰起角度。

目前跳遠運動的發展和訓練都是遵循首先提高短跑速度、再充分利用跳遠助跑，然後利用快速起跳獲得合理的騰起角度，最終取得優異跳遠成績這一規律。從獲得的各種資料證實，這也是今後繼續探討和研究的發展方向。

3.1.6　跳遠運動員訓練水準評定方法

要想知道自己的訓練水準，可以利用查閱表 3-3 得知：

表 3-3　15～17 歲跳遠運動員訓練水準評定表

性別	跳遠（公尺）	100公尺（秒）	30公尺（秒）	後拋鉛球（公尺）	五步助跑五級單足跳（公尺）
女子	5.60～5.80	12.8～12.7	4.3～4.2	11.00～12.00	16.50～17.00
	5.40～5.60	13.1～12.9	4.5～4.4	10.00～11.00	15.50～16.50
	5.20～5.40	13.5～13.3	4.7～4.6	9.00～10.00	14.50～15.50
	4.90～5.20	14.0～13.6	4.9～4.8	8.00～9.00	13.50～14.50
男子	6.80～7.00	11.3～11.2	4.0～3.8	14.50～15.00	21.00～22.00
	6.50～6.80	11.6～11.4	4.2～4.1	13.40～14.50	19.00～21.00
	6.20～6.50	11.9～11.7	4.4～4.3	12.00～13.40	17.00～19.00
	5.80～6.20	12.2～11.9	4.4～4.5	10.00～12.00	15.00～16.00

3.2 如何贏得比賽的勝利

在參加比賽前應具備良好的競技狀態和取勝的堅強信心。對比賽的對手、場地等應有所了解，更重要的是應有良好的心理準備，要有應變的能力，才能取得比賽的勝利。

3.2.1 什麼是競技狀態

競技狀態是運動員參加訓練和比賽所具有的體能、技能、智能和心理的狀態。如果運動員訓練時承受能力強，比賽時表現出最佳的運動成績，該運動員的競技狀態就好。競技狀態就是競技能力的表現。競技能力是指運動員有效地參加訓練和比賽所具備的本領，是運動員體能、技能、智能和心理能力的有機結合。

競技能力的獲得有先天性和後天性之分。先天性是指主要透過遺傳途徑獲得，後天性是指受外界環境的影響，主要透過訓練所獲得。

3.2.2 賽前應做好哪些心理準備

良好的心理狀態是透過各種方式，有意識地對運動員的心理過程和個性特徵施加影響，使運動員學會調節自己的心理狀態的各種方法。

跳遠運動員在賽前應做好的心理準備如：克服賽前的過度精神緊張，運動員在賽前應有適當的精神緊張，但過度的精神緊張，會使運動員在比賽前消耗過多的能量，造成食慾不佳，難以入睡，體力下降，影響了競技狀態。

為克服精神緊張，最好的辦法是：首先是要明確比賽的任務，制定一個適合個人水準的指標；然後是進行多次的模擬比賽式訓練以及多參加一些小型的比賽與測驗，增加比賽臨場經驗，以提高取勝的信心。

3.2.3　怎樣的賽前感覺最好

經過賽前心理調節後，在比賽前自我感覺體力充沛、精神飽滿、對比賽慾望強烈、注意力高度集中，在比賽臨場時神經興奮處於一觸即發之勢，這就是最好的賽前感覺。

能產生這種賽前狀態，是需要經過長期的訓練和比賽培養形成的。

3.2.4　怎樣才能知道自身的賽前心理狀態

可透過睡眠、食慾、體力及心情的反應去判定。如感覺睡眠不佳、吃不下飯菜、精神緊張、心慌意亂、渾身無力，就是心理狀態不好的具體表現。

3.2.5 賽前心理調整方法

在賽前為了克服和避免出現不良的心理狀態，可採用以下方法進行調整：

（1）自我暗示放鬆法

自我暗示放鬆的目的，是要對自己過於緊張的身心進行適當的調節與放鬆。可在準備活動中就開始對自己進行暗示「我今天身體狀態很好，我一定能在比賽中取得好成績，我目前感覺既放鬆又有力」。

（2）呼吸調節及注意力轉移法

常有運動員習慣於在助跑前深吸兩口氣或者叫喊兩聲才開始起動，這樣可以放鬆並有力地進入比賽；也有些運動員在賽前喜歡坐在一邊看看書或聽聽音樂，以此來轉移自己的注意力，達到心理調整的目的。

3.3 如何在日常生活中進行自我管理

3.3.1 你的訓練應有目標，生活應有規律

如果你因為看電視或和同學聚會一夜沒休息好，那麼，第二天你就會感到沒有精神去做任何事情，更談不

上有力氣參加訓練了。很顯然，正常且有規律的起居和飲食，對保障科學、系統的訓練，提高運動成績是非常重要的。

那麼，如何在日常生活中進行自我管理呢？

首先，自己應建立一個訓練目標。主要包括各項身體素質、專項達到什麼成績，以及在各級運動會上爭取獲得什麼名次。

其次，建立每天的作息時間和訓練時間表，要保證你的學習和訓練不衝突，每天應盡量有 8～9 小時的睡眠時間。意志品質對你的自我管理起關鍵作用，當你有了目標之後，就應為實現你的目標不懈努力，用堅強的意志品質約束自己，嚴格執行作息時間，保證你的訓練正常進行，使目標得以實現。

3.3.2 怎樣安排賽前的訓練、賽前和比賽期間的飲食

飲食能夠為我們提供能量，以滿足日常生活、工作的需要。對運動員或體育愛好者來說，飲食也是訓練、比賽的保證，運動員對各種營養的需求量遠比一般人高。

（1）訓練過程中的飲食安排

① 多吃碳水化合物含量高的食物（米、各種水果、

糖）。

②吃足夠的蛋白質（肉類、蛋、海鮮等）。

③吃大量的含纖維的食物（各種蔬菜、雜糧等）。

④少吃含脂肪多的事物（各種油類、肥肉）。

⑤適當補充維生素和礦物質。

⑥多喝水。

（2）賽前和比賽期間的飲食安排

①賽前 10 天左右，一般屬於減運動量的調整期。這時訓練強度大而量小，身體需求的能量相對較小，不應該特別加營養，以防體重增加，影響比賽。

②比賽時，不要空腹，應在賽前 2～3 小時吃最後一餐，但應吃體積小、易消化、合胃口的食物。

③在比賽前 20～30 分鐘內可吃些糖，防止低血糖的發生。

④在訓練和比賽中，由於水和鹽流失較多，可適當補充水分，原則上飲料和水是少量多飲。

3.3.3 如何準備訓練和比賽服裝

（1）訓練比賽時的著裝以感到舒適為準，特別是在跳時不能感到有摩擦和影響上下肢運動的感覺。建議天氣暖和時穿運動短褲和緊身褲進行訓練比賽。

（2）釘鞋是你訓練比賽必備的物品，選擇時應要

求：鞋面要柔軟，底不能太硬，鞋要輕，比平時鞋要稍小一點；在煤渣跑道上訓練比賽時，鞋釘應換成長釘，在塑膠跑道時，應換成短釘；建議選擇專門的跳高、跳遠、三級跳遠鞋。

3 . 4　三級跳遠介紹

3.4.1　三級跳遠的起源

　　三級跳遠起源於愛爾蘭，當時的跳法是兩次單足跳加一次跳躍。現在的跳法是 19 世紀後期在英國發展起來的。在發展的初期，出現過幾種技術動作：愛爾蘭式「單足跳──單足跳──跳躍」，希臘式「跨步跳──跳步跳──跳躍」，蘇格蘭式「單足跳──跨步跳──跳躍」。最後一種方式於 1908 年被正式確認，並寫入國際田聯制定的三級跳遠比賽規則中。

3.4.2　三級跳遠技術

　　三級跳遠是運動員經過助跑，經起跳連續完成單足跳、跨步跳和跳躍三次水平跳躍的田徑項目。在高速助跑的情況下，運動員要完成三次身體運動方向的改變和一系列相適應的技術動作。整個過程中，任何一個環節出現錯誤都可能導致本次跳躍的失敗。因此，它是田徑

運動中技術比較複雜的項目之一，要求運動員必須具備良好的運動素質和較高的技術水準。

（1）助跑

良好的助跑技術表現在運動員能夠在一定的助跑距離內，獲得最快的速度和準確地踏上起跳板。助跑的精確性取決於運動員開始幾步助跑的準確性，全程助跑，尤其是最後幾步助跑節奏的穩定性和對外界環境變化的調整以及穩定的情緒和自信心。

助跑的距離是根據運動員的加速能力來確定的，助跑的最後幾步，運動員的身體重心要高，上體正直，盡量不改變跑的動作結構。

總的來說，三級跳遠的助跑技術與跳遠技術的要求基本一致。

三級跳遠助跑的最後一步，起跳腿不像前幾步那樣高抬，擺動腿和兩臂的擺動方向更加向前，三級跳遠運動員不可能用全力去跳第一跳，否則，起跳腿會因無法承受落地時的巨大衝力而損失後兩跳，所以，要特別注意三跳的比例。

（2）第一跳（單足跳）

單足跳的起跳是從助跑最後一步擺動腿蹬離地面，起跳腿快速積極的踏板開始的。正確的技術，應該是助

跑最後一步時，擺動腿積極有力地蹬地，起跳腿以積極、自然的動作踏上起跳板；落地前，大腿抬得比平時稍低些，下落要快速積極，但著地要柔和，腳落地時，要有明顯的「扒」地動作。

隨著身體的快速前移，起跳腿立即做爆發性的蹬伸動作；同時擺動腿和兩臂迅速向前方進行大幅度的擺動。起跳結束時，上體應保持基本正直，起跳腿的髖、膝、踝三個關節充分伸直，擺動腿屈膝高抬，同時抬頭、挺胸、兩臂擺起。

由於第一跳是在快速助跑情況下進行的，為了不影響跑速，多數運動採用了前後擺臂的形式。在騰空階段，兩臂要配合下肢的換步動作，經由體前拉向身體的側後方。

三級跳遠第一跳的技術見圖 3-7。

（3）第二跳（跨步跳）

第二跳的起跳，是從第一跳的著地動作開始的。正確的動作應該是，起跳腿積極下壓，腳做有力的扒地動作，同時擺動腿和兩臂有力地向前擺動。

為了避免由於急劇的衝擊造成過分的緩衝，著地時腿不能完全放鬆，膝部、踝部和大小腿的後群肌肉都要保持適度的緊張，使身體重心保持在較高的位置上。起跳腿著地後，要及時屈膝、屈踝，進行「退讓」，以促

圖 3-7　三級跳遠技術

使身體快速前移。當身體重心接近支撐點上方時，擺動腿和兩臂快速有力地向上擺動，身體向上伸展，起跳腿做快速有力的蹬伸動作。在蹬離地面的瞬間，起跳腿的髖、膝、踝三關節充分伸直。

三級跳遠第二跳的技術見圖 3-7。

（4）第三跳（跳躍）

經過前兩跳後，水平速度已有明顯下降。第三跳要充分利用剩餘的水平速度，儘可能提高垂直速度，以獲得一個較高、較遠的騰空軌跡，取得第三跳的最大遠度。第三跳的空中動作和落地動作與跳遠基本相同。

三級跳遠第三跳技術見圖 3-7。

三級跳遠的擺臂動作有單臂、雙臂和單、雙臂結合等方式。三種方式各有優點，採用何種方式，主要取決於運動員的技術特點和個人習慣。

3.4.3　三級跳遠比賽的規則與場地

（1）比賽規則

① 運動員的試跳順序應由抽籤決定。

② 運動員超過 8 人，每人可試跳 3 次。前 8 名可再試跳 3 次。倘第八名出現成績相等，則成績相等的運動員均可再試跳 3 次。運動員只有 8 人或不足 8 人時，每

人均可試跳 6 次。

③ 比賽開始後，運動員不得使用比賽助跑道進行練習。

（2）如有下列情況之一，則判為試跳失敗

① 不論在未做起跳的助跑中或在跳躍動作中，運動員以身體任何部分觸及起跳線以外地面者。

② 從起跳板兩端之外，不論是起跳線延伸線的前面或後面起跳者。

③ 在落地過程中觸及落地區外地面，而區外觸地點較區內最近觸地點離起跳線近者。

④ 完成試跳後，向後走出落地區者。

⑤ 採用任何空翻姿勢者。

⑥ 試跳成績應從運動員身體任何部分著地的最近點至起跳線或起跳線的延長線成直角丈量。

⑦ 每名運動員應以其最好的一次試跳成績，包括第一名成績相等決名次的試跳成績，為其最後的決定成績。

（3）三級跳遠比賽場地

① **助跑道**

助跑道長不得短於 40 公尺，寬最小為 1.22 公尺，最大為 1.25 公尺，應用 5 公分寬的白線標出。條件許

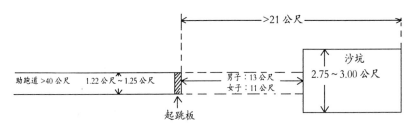

圖 3-8　三級跳遠比賽場地示意圖

可,最短長度為 45 公尺。

助跑道的左右傾斜度不超過 1：100,跑進方向總的傾斜度不得超過 1：1000。

② **標誌物**

運動員為有助於各自的助跑和起跳,可在助跑道旁放置標誌物(由組委會批准或提供)。但在不提供標誌物時,運動員可用膠布,不可用粉筆或類似物質,以及其他任何擦不掉的物質。

③ **起跳板**

起跳板是起跳的標誌,應埋入地面,與助跑道及落地區表面齊平。板子靠進落地區的邊緣稱為起跳線。緊靠起跳線外應放置一塊用橡皮泥或其他適當材料製的板子,以便運動員腳步犯規時留下足跡。如不能設置上述裝置,應採用下列方法:緊靠起跳線前沿,沿著這條線鋪上軟土或沙子,寬為 10 公分,厚 7 毫米,起跳線前沿的沙面應與水平面呈 30°角。

起跳板至落地區遠端的距離不得少於 21 公尺。

在國際比賽中，起跳板至落地區近端的距離：男子不少於 13 公尺，女子不少於 11 公尺。

三級跳遠比賽場地見圖 3-8。

3.4.4　三級跳遠技術練習的基本方式

（1）學習短程助跑的各跳練習

① 2～3 步助跑三級跨步跳。

② 2～3 步助跑三級單足跳。

③ 2～3 步助跑完成正規三跳動作。

（2）學習助跑與第一跳起跳的正確銜接與「單足跳」的技術

① 單足多級跳。

② 2～4～6 步助跑起跳，起跳腳著地。

③ 短程助跑做單足跳，跳入沙坑。

④ 短程助跑起跳騰空換步後高舉大腿，然後大腿下壓，腳積極「扒地」完成「跨步跳」的起跳動作，擺動腿高舉大腿，跨上適當高度的墊子。

（3）學習第二跳和第三跳結合的技術

① 2～4 步助跑做單足跳接連續兩次跨步跳的動作。

② 短程助跑完成第二跳接第三跳的練習。

（4）掌握和提高完整的三級跳遠技術

① 按標誌練習三級跳遠，保持一定比例。

② 10～12 步助跑完成三級跳遠練習，增強感覺和提高支撐能力。

③ 全程助跑完整技術的三級跳遠。不斷完善技術動作，以期形成良好的節奏與合理的三跳比例。

④ 按限定比例進行的三級跳遠練習

3.4.5　如何提升三級跳遠成績

三級跳遠難度大，要求從事此項運動的運動員應該具備身材較高、協調性好、速度快、力量大等特點。所以，三級跳遠運動員必須在多年的系統訓練中，認真進行全面的身體訓練，同時要加強專項身體訓練、技術訓練和心理訓練，打好基礎，才能逐步提升三級跳遠成績。

3.4.6　青少年練習三級跳遠的意義和應注意的問題

三級跳遠是一項技術性強、要求身體素質較高的運動項目。青少年經常參加三級跳遠練習，不僅可以使速度、力量、協調、柔韌、靈敏、耐力等身體素質得到全

面發展，而且還能夠培養勇敢、頑強、果斷和克服困難的意志品質。同時，為以後從事其他項目的練習打下了基礎。青少年練習三級跳遠時應注意不要急於求成，要從基礎素質和基本技術做起，同時，要防止受傷。

最後希望廣大青少年積極參加三級跳遠鍛鍊，為我國三級跳遠項目盡快趕上世界水準而努力。

大展出版社有限公司
品冠文化出版社

圖書目錄

地址：台北市北投區（石牌）　電話：(02) 28236031
　　　致遠一路二段 12 巷 1 號　　　　28236033
郵撥：01669551＜大展＞　　　　　　28233123
　　　19346241＜品冠＞　　傳真：(02) 28272069

・少 年 偵 探・品冠編號 66

1. 怪盜二十面相	（精）	江戶川亂步著	特價 189 元
2. 少年偵探團	（精）	江戶川亂步著	特價 189 元
3. 妖怪博士	（精）	江戶川亂步著	特價 189 元
4. 大金塊	（精）	江戶川亂步著	特價 230 元
5. 青銅魔人	（精）	江戶川亂步著	特價 230 元
6. 地底魔術王	（精）	江戶川亂步著	特價 230 元
7. 透明怪人	（精）	江戶川亂步著	特價 230 元
8. 怪人四十面相	（精）	江戶川亂步著	特價 230 元
9. 宇宙怪人	（精）	江戶川亂步著	特價 230 元
10. 恐怖的鐵塔王國	（精）	江戶川亂步著	特價 230 元
11. 灰色巨人	（精）	江戶川亂步著	特價 230 元
12. 海底魔術師	（精）	江戶川亂步著	特價 230 元
13. 黃金豹	（精）	江戶川亂步著	特價 230 元
14. 魔法博士	（精）	江戶川亂步著	特價 230 元
15. 馬戲怪人	（精）	江戶川亂步著	特價 230 元
16. 魔人銅鑼	（精）	江戶川亂步著	特價 230 元
17. 魔法人偶	（精）	江戶川亂步著	特價 230 元
18. 奇面城的秘密	（精）	江戶川亂步著	特價 230 元
19. 夜光人	（精）	江戶川亂步著	特價 230 元
20. 塔上的魔術師	（精）	江戶川亂步著	特價 230 元
21. 鐵人 Q	（精）	江戶川亂步著	特價 230 元
22. 假面恐怖王	（精）	江戶川亂步著	特價 230 元
23. 電人 M	（精）	江戶川亂步著	特價 230 元
24. 二十面相的詛咒	（精）	江戶川亂步著	特價 230 元
25. 飛天二十面相	（精）	江戶川亂步著	特價 230 元
26. 黃金怪獸	（精）	江戶川亂步著	特價 230 元

・生 活 廣 場・品冠編號 61

1. 366 天誕生星	李芳黛譯	280 元
2. 366 天誕生花與誕生石	李芳黛譯	280 元
3. 科學命相	淺野八郎著	220 元

·女醫師系列· 品冠編號 62

·傳統民俗療法· 品冠編號 63

·常見病藥膳調養叢書· 品冠編號 631

1. 脂肪肝四季飲食　　　　　　蕭守貴著　200 元
2. 高血壓四季飲食　　　　　　秦玖剛著　200 元
3. 慢性腎炎四季飲食　　　　　魏從強著　200 元
4. 高脂血症四季飲食　　　　　　薛輝著　200 元
5. 慢性胃炎四季飲食　　　　　馬秉祥著　200 元
6. 糖尿病四季飲食　　　　　　王耀獻著　200 元
7. 癌症四季飲食　　　　　　　　李忠著　200 元

・彩色圖解保健・品冠編號 64

1. 瘦身　　　　　　　　　　主婦之友社　300 元
2. 腰痛　　　　　　　　　　主婦之友社　300 元
3. 肩膀痠痛　　　　　　　　主婦之友社　300 元
4. 腰、膝、腳的疼痛　　　　主婦之友社　300 元
5. 壓力、精神疲勞　　　　　主婦之友社　300 元
6. 眼睛疲勞、視力減退　　　主婦之友社　300 元

・心 想 事 成・品冠編號 65

1. 魔法愛情點心　　　　　　結城莫拉著　120 元
2. 可愛手工飾品　　　　　　結城莫拉著　120 元
3. 可愛打扮 & 髮型　　　　　結城莫拉著　120 元
4. 撲克牌算命　　　　　　　結城莫拉著　120 元

・熱 門 新 知・品冠編號 67

1. 圖解基因與 DNA 　　（精）　中原英臣 主編 230 元
2. 圖解人體的神奇　　　（精）　米山公啟 主編 230 元
3. 圖解腦與心的構造　　（精）　永田和哉 主編 230 元
4. 圖解科學的神奇　　　（精）　鳥海光弘 主編 230 元
5. 圖解數學的神奇　　　（精）　柳 谷 晃　著 250 元
6. 圖解基因操作　　　　（精）　海老原充 主編 230 元
7. 圖解後基因組　　　　（精）　才園哲人　著 230 元

・法律專欄連載・大展編號 58

台大法學院　　法律學系／策劃
　　　　　　　　法律服務社／編著
1. 別讓您的權利睡著了(1)　　　　　　200 元
2. 別讓您的權利睡著了(2)　　　　　　200 元

・武 術 特 輯・大展編號 10

1. 陳式太極拳入門　　　　　　馮志強編著　180 元

國家圖書館出版品預行編目資料

怎樣跳得遠／沈信生　主編
——初版，——臺北市，大展，民93（2004 年）
面；21 公分，——（運動精進叢書；3）
ISBN　957‑468‑324‑9（平裝）

1.跳遠
528.9425　　　　　　　　　　　　　93011902

北京人民體育出版社授權中文繁體字版

怎樣跳得遠

ISBN 957‑468‑324‑9

主　　編／沈信生
副主編／章碧玉
責任編輯／李　　良
發行人／蔡森明
出版者／大展出版社有限公司
社　　址／台北市北投區（石牌）致遠一路 2 段 12 巷 1 號
電　　話／（02）28236031・28236033・28233123
傳　　眞／（02）28272069
郵政劃撥／01669551
網　　址／www.dah‑jaan.com.tw
E – mail／service@dah‑jaan.com.tw
登記證／局版臺業字第 2171 號
承印者／高星印刷品行
裝　　訂／協億印製廠股份有限公司
排版者／弘益電腦排版有限公司
初版 1 刷／2004 年（民 93 年）10 月

定　　價／180 元

大展好書 好書大展

品嘗好書 冠群可期